决战决胜脱贫攻坚
一步跨越千年发展

——怒江州脱贫攻坚案例研究报告

中国扶贫发展中心　组织编写

金文成　主　编

陈　洁　刘　锐　何安华　副主编

JUEZHAN JUESHENG TUOPIN GONGJIAN
YIBU KUAYUE QIANNIAN FAZHAN

人民出版社

编 写 说 明

2021 年 2 月 25 日，习近平总书记在全国脱贫攻坚总结表彰大会上庄严宣告，经过全党全国各族人民共同努力，在迎来中国共产党成立一百周年的重要时刻，我国脱贫攻坚战取得了全面胜利，现行标准下 9899 万农村贫困人口全部脱贫，832 个贫困县全部摘帽，12.8 万个贫困村全部出列，区域性整体贫困得到解决，完成了消除绝对贫困的艰巨任务，创造了又一个彪炳史册的人间奇迹！

党的十八大以来，以习近平同志为核心的党中央把脱贫攻坚摆在治国理政的突出位置，把脱贫攻坚作为全面建成小康社会的底线任务，组织开展了声势浩大的脱贫攻坚人民战争。党和人民披荆斩棘、栉风沐雨，发扬钉钉子精神，敢于啃硬骨头，攻克了一个又一个贫中之贫、坚中之坚，脱贫攻坚取得了重大历史性成就。新时代脱贫攻坚深刻改变了贫困地区落后面貌，有力推动了中国农村的经济社会发展进程，为实现全面建成小康社会目标任务作出了关键性贡献，为全面建设社会主义现代化国家、实现第二个百年奋斗目标奠定了坚实基础。脱贫攻坚，取得了物质上的累累硕果，也取得了精神上的累累硕果，脱贫群众精神风貌焕然一新，增添了自立自强的信心勇气。党在农村的执政基础更加牢固，党群关系、干群关系得到极大巩固和发展。脱贫攻坚伟大斗争，锻造形成了"上下同心、尽锐出战、精准务实、开拓创新、攻坚克难、不负人民"的脱贫攻坚精神。创造了减贫治理的中国样本，为全球减贫事业作出了重大贡献，走出了一条中国特色减贫道路，形成了中国特色反贫困理论，丰富了人类文明新形态的探索。

为贯彻落实习近平总书记"脱贫攻坚不仅要做得好，而且要讲得好"的重要指示精神，各地区各部门全面总结脱贫攻坚经验。为记录好脱贫攻坚这场伟大的人民战争，原国务院扶贫办党组就脱贫攻坚成就和经验总结工作作出专项安排。中国扶贫发展中心在原国务院扶贫办党组的领导指导及各司各单位的配合支持下，具体牵头承办25个典型案例总结工作。发展中心精心组织工作推进，分区域、专题、层次召开了30多次讨论会，编印脱贫攻坚案例总结项目指南和驻扎式调研实施方案及有关规范要求，公开遴选25个机构组成由国内知名专家担纲的团队，深入210多个县，开展进村入户、深入县乡村访谈座谈，累计在基层一线驻扎938天。历时半年，形成了一批符合规范、较高质量的典型案例并通过了党组组织的评审，报告成果累计400多万字、视频成果16个。

西藏、四省涉藏州县、新疆南疆四地州、四川省凉山州、云南省怒江州、甘肃省临夏州、陕西省延安市、贵州省毕节市、宁德赣州湘西定西四市州、河南省兰考县、江西省井冈山市、宁夏回族自治区永宁县闽宁镇、云南省贡山县独龙江乡、河北省阜平县骆驼湾村和顾家台村、湖南省花垣县十八洞村等15个区域案例研究成果，全面呈现了这些典型贫困地区打赢脱贫攻坚战的艰苦历程，结合各地方特色，系统分析了不同地方脱贫攻坚取得的历史性成就、主要做法、遇到的困难问题、产生的经验启示，基于实地观察提出了相关建议，提炼了一批鲜活生动的脱贫故事。这些典型区域脱贫攻坚案例成果，对于巩固拓展脱贫攻坚成果，接续推动脱贫地区发展，进一步推动发展不平衡不充分问题的解决，具有重要理论价值和实践意义。

驻村帮扶、东西部扶贫协作、易地扶贫搬迁、建档立卡、扶贫小额信贷、光伏扶贫、扶贫车间、学前学会普通话、生态扶贫、电商扶贫等10个专题案例研究成果，以不同地方具体个案作为支撑，生动反映国家减贫治理中有特色、有成效的探索创新，在分析专项政策举措带来发展变化的基础上，归纳提炼其特色做法、突出成效、实践经验，分析存在的问题和挑战，提出相关建议。这些专题案例研究成果，为全面展示精准扶贫的顶层设计和生动实践，讲好中国脱贫故事提供了鲜活素材。

脱贫摘帽不是终点，而是新生活新奋斗的起点。脱贫攻坚取得全面胜利后，全面推进乡村振兴，这是"三农"工作重心的历史性转移，其深度、广度、难度不亚于脱贫攻坚。我们相信，本丛书汇集的这批脱贫攻坚典型案例所揭示的方法论意义，对于巩固拓展脱贫攻坚成果、全面推进乡村振兴、加快农业农村现代化、建设农业强国具有重要借鉴价值，对于促进实现人的全面发展和全体人民共同富裕具有重要启示。

在各书稿编写过程中，中国扶贫发展中心邀请文军、田毅鹏、刘学敏、孙久文、杜志雄、李重、吴大华、吴建平、汪向东、张莉琴、陆航、林万龙、荣利颖、胡宜、钟涨宝、贺东航、聂凤英、徐勇、康沛竹、鲁可荣、蒲正学、雷明、潘颖豪、戴焰军（以姓氏笔画排序）等专家给予了精心指导，为丛书出版提供了专业支持。

编委会

2022 年 6 月

目 录

CONTENTS

附录一　典型人物

附录二　典型案例

第一章　怒江州情与贫情

　　消除贫困、改善民生、实现共同富裕是中国特色社会主义的本质要求。中国共产党历来重视减贫工作，新中国成立后，我国减贫事业取得巨大成就，特别是党的十八大以来，以习近平同志为核心的党中央把脱贫攻坚摆在治国理政的突出位置，以"不获全胜决不收兵"的决心，以"决不让一个少数民族、一个地区掉队"的担当，带领贫困地区和贫困群众同全国一道进入全面小康社会，摆脱了千百年来困扰中华民族的绝对贫困。在这一伟大的历史进程中，怒江州作为全国深度贫困的"三区三州"地区之一，是全国脱贫攻坚的重要主战场。在党中央的关怀领导下，在习近平新时代中国特色社会主义思想的科学指引下，在习近平总书记一次会见、两次回信、一次听取工作汇报的殷殷嘱托下，在省委省政府具体指导和社会各界的大力帮助下，在干部群众的攻坚克难、奋力拼搏下，怒江州坚持精准方略，聚焦"两不愁三保障"，补短板、强弱项，深入实施脱贫攻坚十大重点工程，统筹推进脱贫攻坚与生态保护、民族团结，践行"两山"理论，高质量完成了"坚中之坚、难中之难"的脱贫攻坚任务。开展脱贫攻坚以来，怒江州的经济社会面貌发生了翻天覆地的历史性巨变，从天堑阻隔到四通八达，从穷窝穷业到安居乐业，从愁吃愁穿到全面小康，从刀耕火种到现代文明，怒江进入了全面发展的"快车道"，实现了从区域性深度贫困到区域性整体脱贫的历史"蝶变"、

1

物质和精神的两个"千年飞跃"，书写了中国减贫奇迹的"怒江篇章"。全面、系统、深入总结怒江州的脱贫攻坚经验，可以为中国讲好脱贫攻坚故事提供"怒江样板"，为中国促进世界减贫事业贡献"怒江智慧"和"怒江方案"。

第一节　怒江州的资源概况

怒江傈僳族自治州成立于 1954 年 8 月 23 日，是全国唯一的傈僳族自治州，是我国民族族别成分最多、人口较少的自治州，其中独龙族和怒族是怒江州特有的少数民族。2019 年末，全州常住总人口达到 55.7 万人，少数民族人口占总人口的 93.60%。怒江州是"三江并流"世界自然遗产核心区、重要生态功能区、民族直过区和少数民族聚居区。全州 98% 以上的面积是高山峡谷，可耕地面积少，生存空间和发展空间受限。无高速路、无铁路、无航运，基础设施建设严重滞后。60% 的地区属于"直过区"，社会发育程度低，生产力水平低，贫困面大、贫困程度深。贫困精准识别结果显示，2014 年底全州贫困人口为 26.78 万人，贫困发生率高达 56.24%，所辖四个县（市）均为国家级贫困县，是全国"三区三州"深度贫困地区的典型代表。

一、自然资源环境状况

怒江傈僳族自治州位于云南省西北部，地处东经 98°39′—99°39′、北纬 25°33′—28°23′ 之间，因怒江由北向南纵贯全境而得名。怒江州是中缅滇藏的结合部，有长达 450 千米的国界线，也是云南省唯一的涉边涉藏州市。怒江州北接西藏自治区，东北临迪庆藏族自治州，东靠丽江市，西南连大理白族自治州，南接保山市，州政府驻泸水市六库镇。怒江州总面积 14703 平方千米，辖泸水市、福贡县、贡山独龙族怒族自治县、兰坪白族普米族自治县 4 个县（市），29 个乡（镇）、255 个村民委员会、17 个社区。

二、"四山夹三江"独特地貌

怒江州位于云南滇西横断山脉纵谷地带，境内地势北高南低，担当力卡山、高黎贡山、碧罗雪山、云岭山脉四座大山南北逶迤，东西对峙；独龙江、怒江、澜沧江三江由北向南并流于四座大山之间，形成了"四山夹三江"的独特地貌。全州98%以上的面积是高山峡谷，海拔4000米以上的山峰多达40余座，山多、山大、山陡，"看天一条缝，看地一道沟；出门靠溜索，种地像攀岩"是怒江的真实写照。由于怒江主断裂和澜沧江主断裂贯穿全境，两侧还有纵横小断裂，因而地形十分复杂。怒江州境内除兰坪县的通甸、金顶有少量较为平坦的山间槽地和江河冲积滩地外，多为高山陡坡，可耕地面积少，垦殖系数不足5%。耕地沿山坡垂直分布，76.6%的耕地坡度均在25度以上，可耕地中高山地占28.9%，山区半山区地占63.5%，河谷地占7.6%。

三、极为丰富的生态环境资源

怒江州境内江河密集，纵横交错，拥有怒江、澜沧江、独龙江三大水系及183条一级支流，全州多年平均降水总量为260.20亿立方米，年平均降雨量为1816.5毫米，年径流量为168.84亿立方米（不计怒江、澜沧江、独龙江入境水量725.31亿立方米），年径流深为1178.72毫米，占全省水资源总量的7.6%（按地州分类排名第三位），人均水资源量超过4万立方米，居全省首位。怒江州水能资源极为丰富，水能资源蕴藏量达2132万千瓦，占云南省水能资源蕴藏的20%，可开发装机量1800万千瓦，年发电可达850亿千瓦时，占云南省的19%。怒江州拥有世界级的铅锌矿产资源，铜、铁、金、银等有色金属资源丰富，矿产种类多、储量大、品位高，蕴藏着世界三分之一的锌矿、六分之一的铅矿。

怒江州拥有全省面积最大的国家级自然保护区，地处"三江并流"世界自然遗产核心区、高黎贡山国家级自然保护区和云岭省级自然保护区，是我国西南生态安全屏障的前沿和载体。特殊的地理环境和气候条件孕育了丰富的生物资源，辖区内有大面积的保存完整的原始森林分布，植被类型、物种丰富度和特有化程度居世界大陆区系首位，被誉为"哺乳动物的分化中心"、"东亚植物区系的摇篮"和"重要模式标本产地"，是世界上生物多样性保护的关键地区。由于海拔高度差较大，山地植被垂直带谱明显，植被以季风常绿阔叶林、中山湿性常绿阔叶林、暖性针叶林、温凉性针叶林、寒温性针叶林、寒温性灌丛和暖性灌丛为主。州内珍稀濒危特有陆生野生动物物种十分丰富，分布有国家 I 级保护动物 20 种，国家 II 级保护动物 47 种，省级保护动物 5 种。

第二节　怒江州的经济社会发展状况

一、经济规模总量小、增长快

近年来，怒江州经济社会虽然保持了较好的发展势头，但是与全省以及其他州市相比还有较大的差距。2019 年全州地区生产总值完成 192.51 亿元，比 2014 年增长 92.28%，但仅占全省 0.83%，在云南省各地市州中排序倒数第 1 位。其中，第一产业完成 26.86 亿元，同比增长 5.3%；第二产业完成 67.15 亿元，同比增长 17.3%；第三产业完成 98.50 亿元，同比增长 8.2%。2019 年三次产业结构比为 14∶34.9∶51.1。按常住人口计算，人均 GDP 由 2014 年的 18540 元增至 2019 年的 34686 元，增长 87.09%。"十三五"以来，怒江州经济发展质量和效益全面提升，2018 年地区生产总值、规模以上工业增加值、地方一般公共预算支出、城镇及农村常住居民人均可支配收入等五项主要经济指标增速排名位列全省第一。

财政平稳运行，支农力度不断加大。2019 年一般公共预算收入完成

13.08 亿元，比上年增长 20.45%。其中，税收收入完成 9.48 亿元，比上年增长 20.98%。非税收入完成 3.60 亿元，比上年增长 19.08%。财政一般预算支出完成 175.66 亿元，比上年增长 26.45%。其中，社会保障和就业支出 15.85 亿元，比上年增长 9.83%；教育支出 18.27 亿元，比上年下降 4.4%；农林水事务支出 59.79 亿元，比上年增长 75.22%；一般公共服务支出 11.54 亿元，比上年下降 21.02%。

城乡居民持续增收，城乡居民生活水平继续提高。2019 年城镇化率达到 34.4%。2014 年，全州城镇、农村常住居民人均可支配收入分别为 17266 元、4297 元。2019 年末，全州城镇常住居民人均可支配收入 26650 元，比 2014 年增长 54.35%。2019 年农村常住居民人均可支配收入 7165 元，比上年同期增长 66.74%，但是只相当于云南省平均水平的 60.20%，相当于全国平均水平的 44.72%（见表 1）。2014—2019 年期间，在收入增幅上，农村常住居民大于城镇常住居民。

表 1 怒江州农民人均可支配收入增长情况

单位：元

	2014 年	2015 年	2016 年	2017 年	2018 年	2019 年
全国	10489	11422	12363	13432	14617	16021
云南省	7456	8242	9020	9862	10768	11902
怒江州	4297	4791	5299	5871	6449	7165
泸水市	4409	4877	5387	6055	6530	7248
福贡县	3944	4494	5092	5808	6240	6939
贡山县	3960	4519	5110	5723	6291	7021
兰坪县	4406	4874	5380	5934	6516	7226

资料来源：怒江州国民经济和社会发展统计公报、怒江统计年鉴。

城乡居民收入来源差异较大，支出均以食品烟酒为主。在城镇常住居民收入构成中，工资性收入所占比重最高；在农村常住居民收入中，经营性收入是其最主要的收入来源。以 2018 年为例，工资性收入占城镇常住居民人均可支配收入比重高达 73.92%，其他收入按所占比重由大到小依次为：转移性收入占 13.92%、经营性收入占 6.63%、财产性收入占 5.53%。农村常住居民人均可支配收入中，占比最高的为经营性收入，达 44.30%，其次依次为：工资性收入占 33.77%、转移性收入占 20.20%、财产性收入占 1.73%。在生活消费支出方面，食品烟酒支出占比均位列首位，占城镇常住居民人均生活消费支出的 32.64%，占农村常住居民人均生活消费支出的 38.81%。

二、社会事业起点低、发展快

基础设施依然滞后。怒江州仍是全省唯一未通高速公路、铁路，没有航运、管道运输的州市，对内对外互联互通道路等级低，91.8% 为四级和等外公路。商贸物流基础设施不配套，物流成本居高不下。能源网络不畅，输送能力有限。市政基础设施建设滞后，城镇发展水平低。园区、口岸等基础设施建设投入明显不足，交通、水利、能源、城镇、通信等基础设施有待进一步提升。

教育事业稳步发展。全州普通中学 30 所，招生（包括初中高中生）11613 人（上年 10640 人），比上年同期增长 9.14%；在校生（包括初中高中学生）33002 人（上年 32002 人），比上年同期增长 3.12%；毕业生 10259 人（上年 9914 人），比上年同期增长 3.48%。小学学龄儿童净入学率为 99.64%（上年 99.8%），初中学龄儿童净入学率为 82.45%（上年 79%）。2019 年争取到省科技经费 998 万元。

卫生医疗事业有序推进。2019 年 12 月全州共有医疗卫生机构 331 个，其中：综合医院 9 个，中医院 2 个；疾控中心 5 个，妇幼保健服务中心 5 个；卫生监督所 5 个；乡镇卫生院 28 个；社区服务中心 3 个；中心血站 1 个，民营医院 4 个，村卫生室 263 个，诊所 9 个。2019 年 12 月全州卫计技术人员共有 2860 人，其中：执业（助理）医师 840 人；注册护士 1124 人；药师（士）122 人；检验技师 141 人；影像技师 107 人；其他 150 人。

三、多民族团结，全社会和谐

怒江州境内居住着傈僳族、怒族、普米族、独龙族等 22 个民族，少数民族人口占总人口的 93.97%，独龙族和怒族是怒江特有民族，傈僳族和普米族主要居住于此。全州属于典型的民族"直过区"，直过区人口占全州总人口的62%。2019 年末全州常住总人口达到 55.7 万人。泸水市下辖 6 个镇 3 个乡 71个行政村 15 个社区，总人口 19.27 万人，有傈僳族、白族、景颇族等 21 个少数民族。福贡县下辖 57 个行政村 2 个社区 612 个村民小组，总人口 10.6 万人，居住着傈僳族、怒族、白族、汉族、纳西族、藏族等 20 个民族。贡山独龙族怒族自治县是全国唯一的独龙族怒族自治县，也是唯一的独龙族聚居区，属于社会形态直过区，该县下辖 3 个乡 2 个镇 26 个行政村 3 个社区，总人口约3.5 万人。兰坪白族普米族自治县是怒江傈僳族自治州的人口大县，是全国唯一的白族普米族自治县。该县下辖 4 个乡 4 个镇 108 个村委会（社区），总人口 21.8 万人，农村人口占比为 82.1%，境内有白族、普米族、傈僳族、怒族、彝族等 14 个世居少数民族。怒江各民族交错杂居，文化兼收并蓄，形成了民族多样、宗教和顺、守望相助、共创美好未来的繁荣景象。

怒江地区是我国"三区三州"深度贫困地区之一，虽然总人口规模小，但是贫困发生率高。由于特殊的地理环境、特殊的社会发育程度和特殊的生产力发展水平，怒江州是云南省乃至全国经济实力最弱、人民生活最贫困、基础设施最差的民族自治州，是我国的贫中之贫、困中之困、坚中之坚、难中之难的典型代表。

第三节 怒江州的贫困状况

2014 年，国务院扶贫开发领导小组在全国范围内开展建档立卡工作，怒江州识别的建档立卡户共 160658 人。从年龄构成上看，2014 年建档立卡人口中，16岁（含）—30岁（不含）人数为38137人，占比为23.74%，在所有年龄分组中占比最高。16岁以下人数为35155人，占比为21.88%；60岁以上人数为16733人，占比为10.42%。从身体健康状况上看，2014年长期慢性病病人、大病病人、残疾人占比分别为7.01%、1.64%和3.13%，残疾人中患有大病或慢性病的病人占比为1.02%。从劳动技能上看，2014年丧失劳动力、无劳动力、弱（半）劳动力的人数分别为5813人、56510人、1032人，所占比例分别为3.62%、35.17%、0.64%。从文化程度上看，在2014年末的16.07万人中，文盲半文盲人数为36878人，占29.62%；本科及以上仅有16人，占0.01%。

一、贫困发生率高、程度深

2014年国家统一部署扶贫对象建档立卡以来，经过动态识别，全州共精准识别6.94万户26.95万贫困人口。2014年贫困发生率高达56.24%，是全国平均水平的9倍以上。县级贫困发生率最高的是福贡县，县级未脱贫人口最多的是兰坪县（见表2）。

表2　2014—2019年怒江州贫困状况

类别	地区	2014年	2015年	2016年	2017年	2018年	2019年
年末未脱贫人口（万人）	泸水市	4.43	3.83	4.89	4.78	4.4	1.67
	福贡县	4.43	3.85	4.84	4.32	3.73	1.89
	贡山县	1.33	1.1	1.13	0.89	0.63	0.02
	兰坪县	7.13	6.07	7.05	6.42	5.53	0.86
	全州	17.33	14.84	17.9	16.4	14.29	4.43
年末贫困发生率（%）	泸水市	31.2	26.94	32.97	35.45	31.58	11.97
	福贡县	48.33	41.96	48.52	47.25	40.67	20.61
	贡山县	45.76	37.63	38.53	29.05	21.79	0.54
	兰坪县	38.46	32.72	36.92	37.04	30.84	4.8
	全州	38.65	33.1	38.24	38.14	32.52	10.09

数据来源：怒江州扶贫办。

　　泸水市、福贡县、贡山县 3 个边境县（市）、18 个乡（镇）、74 个行政村、697 个自然村的自然地理、经济社会、民族宗教、国防安全等问题交织在一起，群众生活特别困难。傈僳族整体贫困，46% 的怒族、47% 的普米族人口是建档立卡贫困人口。多数村寨基础设施薄弱，生存环境恶劣，群众普遍居住在"竹篱为墙、柴扉为门、茅草为顶、千脚落地、上楼下圈"的简陋房屋里，室内没有任何像样家具，是脱贫攻坚的"硬骨头"。

　　2014 年建档立卡户中，泸水市、福贡县、贡山县、兰坪县分别为 38872 人、39795 人、14996 人、66995 人。2014 年末享受农村居民最低生活保障的有 2.2 万人。主要致贫原因及涉及人数构成见表 3。因缺技术致贫的比例最高，为 31.49%；缺劳力和交通条件落后致贫的分别占 17.88% 和 14.98%。

表 3　2014 年建档立卡户主要致贫原因构成情况

致贫原因	人数（人）	占比（%）
缺技术	50594	31.49
交通条件落后	24059	14.98
因病	13862	8.63
缺劳力	28727	17.88
因残	2118	1.32
缺资金	15572	9.69
缺土地	5918	3.68
自身发展动力不足	6508	4.05
因学	3282	2.04
因灾	1600	1.00
缺水	8418	5.24

数据来源：怒江州扶贫办。

二、整体性贫困现象明显

　　全州所辖 4 个县（市）均为国家扶贫工作重点县和滇西边境山区集中连

片深度贫困县，整体处于深度贫困状态，29个乡（镇）中有21个贫困乡（镇），占72.4%；255个行政村中有249个贫困村，占97.6%。怒江州主要经济指标在全省的比重没有一项超过1%，绝对量常年处于全省的末位。核桃、中草药、草果等特色农业产业市场化程度低、交易流通不畅，农产品加工能力极低。工业以资源为依托的传统行业比重较大，兰坪金鼎锌业、泸水硅工业等主要行业产业链条短，附加值低，企业市场竞争能力弱。旅游等服务业起步晚、层次低，离做大做强还有一定差距。融资难、融资贵，企业发展资金匮乏，招商引资项目落地难度大。怒江州地理位置偏远，难以吸引有实力的大企业入驻，龙头企业少，农民专业合作社发展不充分，丰富的水能、矿产、旅游等优势资源长期得不到有效开发，未能建立起支撑全州经济发展的产业体系。

怒江州无高速路、无机场、无铁路、无航运、无管道运输。州内主要交通要道泸水到贡山公路从南到北只有334公里，县乡公路等级低，农村路网不完善，晴通雨堵，安全隐患大。628个自然村未通公路，938个自然村公路未通畅。因交通条件致贫的有30686人，占全州建档立卡贫困人口的17.2%。骨干水利工程及其配套设施明显不足，工程性缺水问题突出，基本农田有效灌溉面积比重低，水利化程度仅为32%。道路、住房等建设成本都很高昂，大体上是一般地区成本预算的两倍或更高。农村社会公共服务、文化体育设施严重缺乏。全州有24687户居住在C级或D级危房，占贫困人口总户数的50.7%。怒江州至今是云南省唯一没有高等院校的地州。城乡教育发展不均衡，各类教育发展不协调，仅有29所普通中学、102所小学。每千人口医师数仅为1.25人，每千人口注册护士数仅为1.6人。因病致贫的有28060人，占全州建档立卡贫困人口的16%。金融、教育、医疗、规划、设计等专业技术人员奇缺，各类人才仅占总人口的7%。

三、贫困人口收入水平低

2014 年全州建档立卡户户均纯收入为 7378 元，户均家庭年人均纯收入为 2224 元。其中，有生产经营性收入和转移性收入的农户比重最高，分别占到建档立卡户数的 87.33% 和 80.92%，有工资性收入的仅占 17.71%（见表 4）。在转移性收入中，近半数建档立卡户享受低保金，户数占比最高；其次为生态补偿金，户数占比为 23.49%。

表 4　2014 年怒江州建档立卡户收入来源情况

收入类别	工资性收入	财产性收入	生产经营性收入	转移性收入
户均（元）	925	1015	3713	2387
户均占比（%）	17.71	31.38	87.33	80.92

数据来源：怒江州扶贫办。

有 165 个贫困村没有集体经济收入，157 个贫困村没有合作社，已有的合作社与贫困户利益联结机制不紧密，带动脱贫作用有限。多数贫困户从事传统种养业和零星务工，收入来源不稳定。全州建档立卡贫困户人均纯收入中转移性收入所占比例接近三分之一，转移性收入中低保金占比超过一半。

第四节　怒江州的贫困原因

一、条件性贫困长期存在

为解决交通出行难题，怒江州大规模整修驿道，发展人畜运输，逐步开始修筑公路和桥梁，但在过去很长一段时间内，怒江州境内以人马驿道、人行步道、竹溜索、竹槽独木舟过渡为主要交通方式。怒江州各族群众靠爬天梯，过溜索、藤篾桥、独木桥，长途跋涉于雪山峡谷之间。全州 98% 以上的国土面积是高山峡谷，环境承载容量小，垦殖系数不足 5%，坡度在 25 度以下的土地人均不足 0.2 亩。沿怒江而上，几乎找不到超过 1 平方千米的平地，易地扶贫搬迁、重大项目选址难。60% 以上的国土面积属天然林、公益林、自然保护区、世界自然遗产，有限发展空间和脆弱生态环境严重制约着怒江州的发展。全州地质灾害隐患点达 1400 多处，滑坡、泥石流灾害频繁。

二、素质性贫困问题突出

怒江州是滇西边境片区中民族直过区和少数民族聚居区，各民族社会发展程度差异性明显，"素质性贫困"成片区是最为显著的贫困特征。怒江州直过区人口占全州总人口的 62%；少数民族人口占全州总人口的 93.6%；少数民族贫困人口 17.4 万人，占全州贫困人口的 97.6%。在党和政府的帮助下，傈僳族、独龙族、怒族等跨越几个社会历史发展阶段，直接过渡到社会主义社会。新中国成立初期，各族群众以刀耕火种为主要生产方式，以狩猎、采集作为重要的食物来源，采集、渔猎经济与刀耕火种的农业经济并存。群众思想观念落后，受教育程度不高，劳动力素质普遍低下，旧观念旧习俗蔚然成风，与外界沟通交流能力弱，没有商品和文明生活意识，竞争意识、发展意识不强，自我发展能力弱，"等靠要"思想仍然存在。在脱贫攻坚以前，部分贫困户相约围坐火塘旁喝玉米酒，一坐就是一整天，顾不上地里的庄稼。政府发放的小猪、小鸡甚至也被少数群众拿去换酒喝，基本没有脱贫动力，扶贫愿景成空谈。部分干部思想不解放、思路不清，缺乏远见，不同程度存在不愿担当、不敢担当、不会担当的现象，一定程度上制约了怒江州的社会经济发展。

三、国家支持投入跟不上

怒江州既临边疆又涉藏，处在反分裂、反渗透、反颠覆的前沿，边境一线的居民居住分散，基础设施十分薄弱，环境恶劣，建设成本高，生态环境保护与开发的矛盾突出。边境群众既承担着守土固边的重任，又深陷发展空间严重受限、公共服务供给严重不足的困境，住房、行路、上学、就医、增收都很困难。与其他贫困地区相比，一定历史时期内上级投入有限，无法完全满足当地发展需求。以交通为例，受独特的高山峡谷地形地貌限制，以及自然灾害多发等现实因素影响，怒江州的交通项目建设成本非常高。由于运距较远，仅公路道路建设材料的运输成本一项就远远高出其他地区。由于路段处于山体滑坡、泥石流、塌方等自然灾害多发地区，农村公路整体抗灾能力较差，还需要加装安全护栏等配套设施。一旦发生灾害，相关道路需要重建，周期长、难度大，不仅严重影响通达性，而且还需花费较高代价对道路进行维护修整。加之地方财政自给能力低，位于公路网末梢，项目投融资难，项目建设资金缺口大、困难多、保障弱，因而怒江州需要更大的上级支持。

综合来看，怒江州贫困的特殊性主要体现在 5 个方面：一是怒江州是全国贫困发生率最高的州市，居"三区三州"之首，福贡县是全国贫困发生率最高的县。二是怒江州的基础设施条件最差，是云南省唯一一个"五无州市"，即无机场、无高速、无航运、无铁路、无管道运输。三是该地区社会发育程度最低，全州 29 个乡（镇）中 26 个属于"直过区"，直过区人口占全州总人口的 62%，远远超出其他地市州。四是国家累计投入较少，在一定历史时期内中央财政投入相较不足，对怒江州支持存有局限性。五是发展限制因素较多，当地整体为限制开发区域，面临可耕地面积少、垦殖系数不足 5% 等一系列问题，生产生活空间十分有限。

第二章　艰苦的减贫历程：怒江探索

消除贫困、改善民生、实现共同富裕是中国特色社会主义的本质要求。新中国成立以来，我国历届党和国家领导人都高度重视扶贫事业发展，探索出了一条符合中国特色的减贫道路。特别是党的十八大以来，实施了脱贫攻坚战略，向绝对贫困发起总攻，完成全面建成小康社会的标志性任务，让贫困地区，尤其是怒江州这样的深度贫困地区发生了翻天覆地的变化。

第一节　党的十八大之前的减贫探索

一、计划经济下的救济式扶贫阶段（1949—1977 年）

新中国成立后，党和政府为发展国民经济，提高人民生活水平，建立了计划经济体制，在农村地区实行土地改革运动。随后开始农村合作化运动、人民公社化建设。国家在农村社会经济发展方面实施了诸多积极措施，开展基础设施建设，建立农村供销合作以及信用合作系统，促进我国农村教育、医疗卫生事业发展，形成以"五保"制度和特困群体救济的社会基本保障体系，促进农业生产力的发展和农村居民生活水平的提高。中国历史上第一次在全国大范围内减少农村贫困。

1954 年 8 月，怒江傈僳族自治州成立，在党的民族政策的光辉照耀下，怒江州经过社会主义改造，实现了从原始社会末期到社会主义社会的直接过渡，翻开了社会主义建设的新篇章。党和政府针对怒江州的经济社会发展状况，对兰坪县进行了"缓冲区土改"，对泸水、碧江、福贡、贡山"边四县"实施了"直接过渡"政策，充分调动了怒江州各族群众"艰苦奋斗、自力更生、保卫边疆、建设边疆"的积极性，逐渐改变了怒江州原始落后的面貌。但由于地理位置偏僻、社会发育起步晚，经济基础整体比较薄弱，怒江州经济发展严重滞后，怒江州各族群众与全国人民一样吃返销粮，领救济金，处于整体贫困状态。1954 年怒江州农民年人均纯收入只有 29 元，到改革开放前仍不足 80 元。

二、改革开放后的开发式扶贫阶段（1978—1993 年）

1978 年后，我国由计划经济体制逐步转向社会主义市场经济体制，加快形成对外开放的全新格局。这个时期成立了专门扶贫工作机构，安排了专项资金，制定了专门的优惠政策，扶贫计划和行动有了制度性安排，并对传统的救济式扶贫进行了彻底改革，确定了开发式扶贫方针。自此，我国解决贫困问题方式由救济式扶贫转为开发式扶贫，减贫事业进入到一个新的历史时期。

这个时期在国家扶贫方针的指引下，怒江州委团结带领全州各族干部群众认真贯彻执行党的十一届三中全会以来的路线、方针和政策，深化经济体制改革，实行对外开放，农村建立和完善了家庭承包联产责任制，打破了"大锅饭"，解放了生产力，极大地调动了广大农民的生产积极性，农村获得了大发展。国家全免了怒江州农村的各项税收和公余粮征购任务，农村全部实行了包干到户的生产责任制。州委、州政府先后制定了"以林为主，林、粮、牧、药全面发展"的方针，确立了"立足资源，面向市场，内引外联，加速开发"的发展战略，解放了生产力，促进了农业生产的迅速发展和商品经济萌芽的产生。农民人均纯收入从 1978 年的不足 80 元增加到 1985 年的

190 元，实现翻番。1986 年，按照年人均纯收入 206 元的贫困标准，怒江州 89.45%的乡、86.6%的农户、84.57%的人口尚未解决温饱问题。怒江州委把解决群众温饱问题作为中心任务，提出解决温饱、摆脱贫困的经济社会发展目标，制定了《关于尽快解决温饱问题的政策和措施》，坚持以稳定解决群众温饱问题为重点，把扶贫工作逐步向最边远、最贫困、最落后地区延伸，群众生活水平得到明显改善和提高。1986—1993 年，全州有 23497 户 113353 人解决温饱，贫困面由 1985 年的 86%下降到 33%。农民人均纯收入从 1985 年的 190 元增加到 1990 年的 378 元，到 1995 年增加到 412 元。

三、"八七"扶贫攻坚阶段（1994—2000 年）

随着农村改革的深入发展和国家扶贫开发力度的不断加大，1994 年 3 月出台的《国家八七扶贫攻坚计划》明确提出，要集中人力、物力、财力，动员社会各界力量，力争用七年左右的时间，到 2000 年底基本解决农村贫困人口的温饱问题。这是我国历史上第一个有明确目标、明确对象、明确措施和明确期限的扶贫开发行动纲领。

按照年人均纯收入 300 元的贫困标准，怒江州尚未解决温饱的绝对贫困人口还有 13.77 万人，占农业人口的 34.3%，其中 7 万多人处于生存条件相当困难的境地。州委根据国家"八七"扶贫工作计划和省委、省政府"七七"扶贫计划，结合实际，编制《怒江傈僳族自治州"九五"扶贫攻坚纲要》。1995 年 12 月 11 日，省政府在昆明召开专题研究怒江州扶贫攻坚的省长办公会议，把怒江州确定为云南省扶贫攻坚的主战场，要求省直部门都要支持怒江州的扶贫攻坚。这一时期，怒江州坚持开发式扶贫方针，州县政府签订扶贫攻坚目标责任书，州县党政机关一对一挂钩扶贫，重点实施了农田、水利、通路、通电、通电话等五项工程建设，推动了一批贫困农户劳务输出和异地开发，促进了贫困乡村的经济发展，解决了 4.8 万贫困人口的温饱问题，有效缓解了贫困状况。

四、新世纪扶贫开发阶段（2001—2012 年）

进入 21 世纪后，国务院，中共中央、国务院先后印发了《中国农村扶贫开发纲要（2001—2010 年）》和《中国农村扶贫开发纲要（2011—2020 年）》两个十年纲要，以巩固温饱成果、加强基层设施建设、改善贫困地区经济、社会、文化的落后状况，为小康奠定基础。在第二个十年规划纲要中，提出"两不愁三保障"的工作目标，加强了片区扶贫，确定了 14 个集中连片特困区。

这一期间，怒江州委带领全州各族干部群众牢固树立科学发展观，紧紧围绕发展这个核心要务，一手抓干部、一手抓项目，开始以村为单元实施扶贫开发项目，着力解决和改善贫困人口生产生活条件，增加贫困人口经济收入，提高贫困人口素质，扶贫攻坚取得重大突破。到 2010 年，累计解决 17.6 万人的温饱问题，转移劳动力 8 万人次，实施 1000 个自然村的新农村建设任务，实施整村推进 920 个，易地扶贫搬迁 1.04 万人，解决 19 万人的安全饮水问题，农民人均纯收入达到 2005 元。2010 年，省委、省政府启动实施"独龙江整乡推进、独龙族整族帮扶"、"三年行动计划"和"后续两年巩固提升"工程，重点推进安居温饱、基础设施、产业发展、社会事业、素质提高、生态环境保护与建设六大工程，彻底解决了千百年来困扰独龙族群众的吃、住、行难题，实现了独龙江乡的第二次跨越发展，为后来的独龙族率先整族脱贫奠定了基础。

第二节　党的十八大以来的减贫探索

2013 年 11 月 3 日，习近平总书记到湖南省湘西土家族苗族自治州花垣县排碧乡十八洞村调研，首次提出"精准扶贫"概念。2015 年 1 月，习近平总书记在云南调研时强调，扶贫开发要增强紧迫感，真抓实干，不能光喊口号，决不能让困难地区和困难群众掉队。同年，习近平总书记参加十二届全国人大三次会议广西代表团的审议时指出，要把扶贫攻坚抓紧抓准抓到位，坚持精准扶贫，倒排工期，算好明细账，决不让一个少数民族、一个地区掉队。2015 年，党的十八届五中全会从全面建成小康社会奋斗目标出发，明确到 2020 年我国现行标准下农村贫困人口实现脱贫，贫困县全部摘帽，解决区域性整体贫困。这次五中全会把扶贫攻坚改成了脱贫攻坚，全面建成小康社会、实现第一个百年奋斗目标，农村贫困人口全部脱贫是一个标志性指标。2015 年，习近平总书记在中央扶贫开发工作会议上发表了重要讲话，提出解决"扶持谁""谁来扶""怎么扶""如何退"的重要命题，拉开了精准扶贫、精准脱贫攻坚战的序幕。全面小康目标能否如期实现，关键取决于脱贫攻坚战能否打赢。没有农村贫困人口全部脱贫，就没有全面建成小康社会，这个底线任务不能打任何折扣，我们党向人民作出的承诺不能打任何折扣。

历次召开的脱贫攻坚主题座谈会上，习近平总书记都会对做好"三区三州"脱贫工作提出叮咛嘱托。2017 年在太原，要求集中力量攻克"三区三州"等深度贫困堡垒。2018 年在成都，用"有天无地，有山无田，有人无路"点明了"三区三州"地区面临的脱贫难度。习近平总书记在十八届中央政治局第三十九次集体学习时指出，要把深度贫困地区作为区域攻坚重点，确保在既定时间节点完成脱贫攻坚任务。

2018 年，《中共中央　国务院关于打赢脱贫攻坚战三年行动的指导意见》出台，专门对"三区三州"等深度贫困地区攻坚行动作出了全面部署。"三区三州"所在 6 省区分别制定脱贫攻坚实施方案，明确了作战图、时间表。"十三五"能不能如期全面建成小康社会，最艰巨最繁重的任务在农村，特别是在贫困地区，这是全面建成小康社会最大的"短板"。深度贫困地区因为贫困程度深、基础条件差、致贫原因复杂，加上民族、宗教、维稳问题交织，是决定脱贫攻坚战能否打赢的关键。2019 年 4 月 16 日，在解决"两不愁三保障"突出问题座谈会上，习近平总书记发出决胜脱贫攻坚冲锋令。

2019 年中央经济工作会议确定，要确保脱贫攻坚任务如期全面完成，集中兵力打好深度贫困歼灭战，政策、资金重点向"三区三州"等深度贫困地区倾斜，落实产业扶贫、易地搬迁扶贫等措施，严把贫困人口退出关，巩固脱贫成果。要建立机制，及时做好返贫人口和新发生贫困人口的监测和帮扶。中央有 20 多个部门相继出台了 40 多个支持"三区三州"等深贫地区脱贫攻坚的"硬核"文件，一一破解住房安全、因病致贫、因残致贫、饮水安全等老问题，针对教育扶贫、就业扶贫、基础设施建设、土地政策支持和兜底保障工作项项推进。

党的十八大以来，怒江州委、州政府全面贯彻习近平总书记关于扶贫工作的重要论述，认真落实党中央、国务院和省委、省政府脱贫攻坚决策部署。在实施精准扶贫、精准脱贫过程中，云南省制定了《怒江州扶贫攻坚总体方案（2013—2017 年）》，开创"整州推进扶贫攻坚"先河。怒江州先后实施了一系列重大政策，编制了《怒江州全力推进深度贫困脱贫攻坚实施方案（2018—2020 年）》。按照"六个精准""五个一批"的要求，重点实施了生态扶贫、产业就业扶贫、易地搬迁扶贫、健康教育扶贫、社会保障兜底扶贫等重点工程，着力改善基础设施，创新金融扶贫、资产收益扶贫、电商扶贫和光伏扶贫等扶贫方式，并统筹抓实东西协作扶贫和定点帮扶，在怒江州形成了专项扶贫、行业扶贫、社会扶贫合力攻坚的"大扶贫"格局。

一、认识的变化：脱贫攻坚统揽全局

在扶贫认识层面，将"三农"置于扶贫工作的首要位置。中国农村的贫困问题是历史上长期形成的。全面建成小康社会阶段，农村贫困问题成为一个突出的"短板"。2012 年 12 月，习近平总书记在河北省阜平县考察扶贫开发工作，强调"全面建成小康社会，最艰巨最繁重的任务在农村、特别是在贫困地区。没有农村的小康，特别是没有贫困地区的小康，就没有全面建成小康社会"①。2016 年，习近平总书记作出重要指示："全面建成小康社会，实现第一个百年奋斗目标，一个标志性的指标是农村贫困人口全部脱贫。完成这一任务，需要贫困地区广大干部群众艰苦奋战，需要各级扶贫主体组织推动，需要社会各方面真心帮扶，需要不断改革创新扶贫机制和扶贫方式。"②

怒江州坚持把深入学习贯彻习近平总书记关于扶贫工作的重要论述和对怒江州工作的重要指示批示精神摆在首位，在党中央、国务院和云南省委、省政府的坚强领导下，在国家有关部委的大力支持帮助下，在社会各界的广泛参与帮扶下，坚持以脱贫攻坚统揽经济社会发展全局，坚持把脱贫攻坚作为首要政治任务和第一民生工程。怒江州委、州政府不断提高政治站位，增强对打赢脱贫攻坚战的认识，成立州委书记、州长双组长制的脱贫攻坚领导小组，建立了"州有领导小组，县（市）有指挥部，乡（镇）有工作大队长，村有工作队，户有帮扶人"和"按月调度、逐月通报、定期督战"的脱贫攻坚指挥作战体系。

二、目标的变化：共享全面小康成果

在扶贫目标层面上，强调严格落实"两不愁三保障"要求，实现"两个确保"。2015 年 11 月，中共中央、国务院出台的《关于打赢脱贫攻坚战的决定》明确提出打赢脱贫攻坚战的总体目标，到 2020 年，稳定实现农村贫困人口不愁吃、不愁穿，义务教育、基本医疗和住房安全有保障。实现贫困地区农民人均可支配收入增长幅度高于全国平均水平，基本公共服务主要领

---

① 中共中央党史和文献研究院编：《习近平扶贫论述摘编》，中央文献出版社 2018 年版，第 4 页。

② 中共中央党史和文献研究院编：《习近平扶贫论述摘编》，中央文献出版社 2018 年版，第 105 页。

域指标接近全国平均水平。确保我国现行标准下农村贫困人口实现脱贫，贫困县全部摘帽，解决区域性整体贫困。这是贫困人口亟待解决的现实问题。对扶贫工作的新定位以满足人民基本需求为导向，筑牢了民生底线。

怒江州开展深度贫困"百日歼灭战"、常态化"大走访、大排查"和脱贫攻坚"百日提升行动"等专项行动，实施挂牌作战，聚焦"两不愁三保障"短板弱项，精准施策到户到人。在解决温饱问题的基础上，全州实现有产业发展条件的建档立卡贫困户产业全覆盖。在义务教育方面，精准扶贫实施以来，怒江州全面落实贫困学生资助政策，实施 14 年（学前至普通高中）免费教育政策，落实控辍保学，保障贫困家庭学生不会因贫失学辍学。在基本医疗方面，以村为单元建造标准化卫生室并配备村医，对符合城乡基本医疗保险参保条件的贫困人口实现应保尽保，开展大病、慢病、重病集中救治和家庭医生签约管理工作。在住房安全方面，州内易地扶贫搬迁群众已全部搬迁入住，全覆盖组织开展农村危房改造"回头看"和农村危房大排查工作，全面完成了改造任务。

三、重点的变化：全面聚焦深度贫困

在扶贫重点层面上，伴随扶贫阶段的演进，扶贫工作重点不断调整，实现由片区到深度贫困地区聚焦，由脱贫攻坚向有机衔接乡村振兴转变。进入新时期，中国农村存量贫困人口主要分布在"两高、一低、一差、三重"的深度贫困地区。2017 年 6 月，习近平总书记在山西考察工作时指出："脱贫攻坚工作进入目前阶段，要重点研究解决深度贫困问题。"[①] 在解决绝对贫困的基础之上，深度贫困地区还要做好精准扶贫与乡村振兴战略的衔接工作。多年的农村扶贫工作实践，特别是党的十八大以来农村的精准脱贫攻坚战，

---

① 中共中央党史和文献研究院编：《习近平扶贫论述摘编》，中央文献出版社 2018 年版，第 79 页。

不论是在基层组织建设上还是在干部队伍、工作方式方法上都积累了丰富的经验，锻炼了基层干部队伍，形成了符合当地实际情况、能发挥比较优势的特定模式，为乡村振兴打好了基础。打赢脱贫攻坚战是实施乡村振兴战略首要的重大阶段性任务，以"三区三州"为代表的深度贫困地区，必须继续抓好精准扶贫工作，持续巩固脱贫成效，预防返贫风险，用乡村振兴带动脱贫攻坚，用脱贫攻坚促进乡村振兴。

党中央、国务院十分关心怒江州脱贫攻坚，省委、省政府直接挂牌督导，对怒江州进行前所未有的政策倾斜和资金支持。州委主要领导坚持每月驻村2天以上，带头深入最偏远的乡（镇）和贫困村调研，每月定期研究推进脱贫攻坚工作，实行州级领导带头挂牌督战实战到村到点。坚持领导干部驻村调研、督战、亲笔报告等制度，扎实开展党员领导干部下沉驻村，着力抓基层党建和脱贫攻坚。在中央和云南省的支持下，怒江州从最偏远、基础条件最差、贫困程度最深的独龙江乡开始，实施整族脱贫攻坚计划，为其他少数民族脱贫做出典型示范。州内第一时间谋划独龙江乡全面脱贫与乡村振兴有效衔接，印发《独龙江乡"巩固脱贫成效、实施乡村振兴"行动方案》《关于独龙江乡全面脱贫与乡村振兴有效衔接的实施意见》，2019年6月11日召开独龙江乡"巩固脱贫成效、实施乡村振兴"现场推进会，2020年4月10日再次召开独龙江乡全面脱贫与乡村振兴有效衔接推进会，为全州推动全面脱贫与乡村振兴有效衔接出经验、做示范、树标杆。

四、方式的变化：精准扶贫精准脱贫

在扶贫方式层面上，实现了由大水漫灌式开发扶贫向精准扶贫转变，扶贫机制由主要依赖经济增长的"涓滴效应"到更加注重"靶向性"，从而对目标人群直接加以扶贫干预的动态调整。以人民为中心的价值取向和筑牢民生底线的目标定位，必然要求明确贫困人口、贫困程度、致贫原因等，并对症下药，从根本上消除造成贫困的根源，才能帮助被帮扶者彻底脱贫，切实提高其获得感，精准扶贫的理念于是应运而生。2014 年，国务院扶贫办印发《关于印发〈建立精准扶贫工作机制实施方案〉的通知》《关于印发〈扶贫开发建档立卡工作方案〉的通知》，作出一系列精准扶贫工作的顶层设计、总体布局和工作机制部署，推动了精准扶贫战略的全面开展。2015 年 6 月，习近平总书记在部分省区市扶贫攻坚与"十三五"时期经济社会发展座谈会上指出："扶贫开发推进到今天这样的程度，贵在精准，重在精准，成败之举在于精准。搞大水漫灌、走马观花、大而化之、手榴弹炸跳蚤不行。要做到六个精准，即扶持对象精准、项目安排精准、资金使用精准、措施到户精准、因村派人（第一书记）精准、脱贫成效精准。各地都要在这几个精准上想办法、出实招、见真效。"①2015 年 10 月，习近平总书记在减贫与发展高层论坛上首次提出"五个一批"的脱贫措施，为打通脱贫"最后一公里"开出破题药方。随后，"五个一批"的脱贫措施被写入《关于打赢脱贫攻坚战的决定》，经中共中央政治局会议审议通过。精准扶贫工作机制不断完善，政策体系日益丰富，形成了以"六个精准""五个一批"为核心的精准扶贫精准脱贫体系。

为了实现精准施策，怒江州各级党委、政府数次组建动态管理工作队驻村入户调查，开展贫情分析，严格标准和程序认定，教育、卫健、公安等职能部门密切协作，对录入全国扶贫信息系统中的数据信息反复筛查、比对、核准，建立了行业信息比对领导小组，建立了月比对工作机制，又开展了"户户清、村村实"专项行动，确保贫困户家底清、致贫原因清、帮扶措施清、投入产出清、帮扶责任清、脱贫时序清"六清"，村级党建实、责任实、作风实、项目实、措施实、成效实"六实"。怒江州逐级完善了贫困户明白卡、村级施工图、乡（镇）级路线图、县（市）级项目库，精准锁定贫

---

① 中共中央党史和文献研究院编：《习近平扶贫论述摘编》，中央文献出版社 2018 年版，第 58 页。

困对象和易地扶贫搬迁对象，规范了贫困人口、贫困村、贫困乡（镇）、贫困县（市）退出标准、程度和步骤，为怒江州精准扶贫、精准脱贫打下了坚实基础。

五、机制的变化：多元主体合力攻坚

在机制层面，逐步形成政府主导，多元扶贫主体参与，社会力量齐动员，协力助脱贫的运转体系。政府在中国农村减贫中发挥着决定性的作用，政府主导是中国减贫最重要的特点和经验之一。一是通过建立扶贫领导和协调组织体系，将扶贫整合到国家的经济社会发展计划之中，保证了扶贫所需要的组织支持。党的十八大以来，形成了"中央统筹、省负总责、市县抓落实"的扶贫开发管理体制。党政分工的治理格局的明晰和政府间权责关系的调整，有助于保障政策执行的力度和精准度。二是政府利用其行政体系和资源，保证了必要的扶贫投入。党的十八大以来，国家一直在推行有组织、有计划、大规模的扶贫开发行动，国家层面的扶贫资金投入不断增长。三是政府根据扶贫的需要，调整相关政策或者制定必要的法规和制度，为扶贫工作的有序开展提供了制度保障。在政策和实践层面，扶贫开发工作除涉及各级各类政府职能部门之外，也是企业组织、社会组织等共同参与和支持的一项全社会的大事业。在新一轮精准扶贫进程中，社会参与型扶贫将成为脱贫攻坚的亮点和扶贫脱贫机制创新的领域，逐步形成有效的社会扶贫动员机制和多元扶贫主体共同参与的运行体系。

怒江州着力于东西部扶贫协作和定点挂钩帮扶工作，24家中央、省级机关、企事业单位挂钩怒江州27个贫困村，下派102名驻村扶贫工作队员；上海市、珠海市和三峡集团、中交集团、大唐集团、云南能投等帮扶企业倾力相助，各类帮扶资金用于农村安居房建设、劳动力素质提升、农村劳动力输出、特色产业发展、基础设施建设、生态环境保护等方面。珠海、怒江两地党政主要领导互访调研5次，召开联席会议5次，"携手奔小康"和"百企帮百村"行动持续开展。中央、省级机关、企事业单位倾情倾力帮扶怒江，持续向怒江选派精兵强将驻村帮扶。中交集团与怒江形成命运共同体，在基础设施援建和产业扶贫、教育扶贫方面不断推出新举措。三峡集团、大唐集团精准帮扶普米族、怒族、傈僳族等人口较少民族和"直过民族"工作扎实推进。

六、作风的变化：干部队伍培志培智

在作风建设层面，通过加强贫困地区干部培育，干部政策执行力度得以强化，从"等靠要"变成了"苦干实干亲自干"，有效助力脱贫攻坚。党的十八大以来，国务院扶贫办开展和推动了中央和省市县四级扶贫干部的分级分类教育培训工作，初步形成了全国扶贫干部教育培训工作"一盘棋"的格局，发挥了较好的先导性、基础性、战略性作用。2018年2月12日，习近平总书记在打好精准脱贫攻坚战座谈会上发表重要讲话，指出："打好脱贫攻坚战，关键在人，在人的观念、能力、干劲。贫困地区最缺的是人才。"[①] 培育扶贫人才、锻炼扶贫干部，对扶贫干部"培志"与"培智"，有助于增强打赢脱贫攻坚战的决心和信心，提升精准扶贫精准施策的能力和水平。

怒江州坚持严管和厚爱结合、激励和约束并重，认真落实"好干部"标准，树立在脱贫攻坚一线选拔任用干部鲜明导向，激发脱贫攻坚干部内生动力。怒江州严格执行保持贫困县、贫困乡党政正职稳定的有关政策规定，深入细致做好思想政治工作，采用多元化形式提振干部精气神，坚持每年分级举办扶贫干部培训班，对脱贫攻坚实绩突出的提拔使用，对工作表现一般的约谈诫勉，实现干部"能上能下"。怒江州各级干部勇挑使命、敢于担当，舍小家、顾大家，苦干实干、流汗拼搏，甚至流血牺牲。在各级干部的帮助

---

① 中共中央党史和文献研究院编：《习近平扶贫论述摘编》，中央文献出版社2018年版，第52页。

下，大批群众走出大山、进城入镇，思想观念得到根本转变，实现从"要我脱贫"到"我要脱贫"的明显转变。全州上下心往一处想、劲往一处使，"怒江缺条件，但不缺精神、不缺斗志"的怒江脱贫攻坚精神和"苦干实干亲自干"的怒江脱贫攻坚作风蔚然形成。

第三章　决战决胜脱贫攻坚：怒江实践

怒江州深入贯彻习近平总书记关于脱贫攻坚的重要论述和指示批示精神及党中央、国务院关于脱贫攻坚的战略部署，把脱贫攻坚作为首要政治任务和第一民生工程，坚持精准扶贫、精准脱贫方略，紧盯"两不愁三保障"和脱贫退出标准，通过强化组织领导、体制机制建设、政策支撑、产业培育、基础建设、教育扶贫、生态保护和社会扶贫大格局八大措施，极大地丰富了我国脱贫攻坚实践，探索了深度贫困地区实现脱贫的飞跃发展。

第一节　强化组织领导

一、建立组织领导体系

怒江州委、州政府将脱贫攻坚工作作为第一重要任务，2016 年调整充实了州扶贫开发领导小组，并由党政主要领导任"双组长"，领导小组办公室设在州扶贫办，统筹协调脱贫攻坚各项工作，领导小组由 70 个成员单位组成，下设 10 个重点工程指挥部和 4 个督战组。建立了党政指挥、部门联动的指挥体系，形成成员单位定期研究、十大工程项目组重点抓工作落实、4 个督战组督导指导、125 个单位定点挂钩的合力攻坚局面。各县也相应调整充实了扶贫开发领导小组，成立了多个专项工作组。例如，贡山县 2016 年 7 月发布了《关于调整充实贡山县扶贫开发领导小组的通知》，建立县委书记、县长双组长制的扶贫开发领导小组，包含 62 个成员单位。另外，还成立了重大项目工作推进领导小组、整合涉农资金工作领导小组、易地扶贫搬迁工作领导小组、重点产业发展领导小组、独龙江乡整体提升行动工作领导小组等，进一步压实脱贫攻坚工作。

二、落实"五级书记"抓落实

怒江州全面贯彻落实"五级书记"抓落实的管理体制，层层压实州、县市、乡镇、村各级责任。省、州、县、乡、村层层签订深度贫困脱贫攻坚责任书、立下军令状，将目标及责任分解量化到领导、到部门、到干部、到乡、到村、到户、到人，构建纵向高位推进、横向部门协同攻坚的责任体系。充分发挥州级的统筹督导作用、县市的组织攻坚作用、乡镇的实施主体作用、村组和驻村工作队的具体落实作用、行业部门的指导监管作用。

三、坚持党政"一把手"抓脱贫攻坚

怒江州坚持"一把手"抓脱贫攻坚工作，各级书记和党政"一把手"把主要精力放在脱贫攻坚上，建立每月各级领导干部驻村调研不少于一次、每月召开脱贫攻坚领导小组会议暨工作调度会一次、每月督战一次、每月通报督查督战情况一次的"四个一"制度。怒江州脱贫攻坚领导小组坚持每月一调度，每月 30 日调度各部门、各乡镇及贫困村脱贫攻坚情况；每季度向省长当面汇报怒江州脱贫攻坚情况。

四、推进干部下沉作战

一是建立"挂帮包"制度。为了将脱贫政策落地、落实，怒江州 33 名厅级领导干部全部挂包到乡镇、453 个州县单位挂包行政村。35 名州级领导、

58 名县市处级领导，对剩余贫困人口超过 500 人或贫困发生率超过 10% 的 57 个重点村实行挂牌督战；20 名州级领导对全州 19 个千人以上的易地扶贫搬迁集中安置点实行挂牌督战。从州、县（市）机关抽调一半以上的干部驻村攻坚脱贫，选派县委常委下沉乡镇担任第一书记，处级干部担任乡镇扶贫工作队大队长，科级以上优秀干部担任驻村第一书记，1.6 万名干部持续开展挂联帮扶，建立起了横向到边、纵向到底的责任体系，形成了"工作到村、扶贫到户"的工作机制。

二是开展"背包工作队"推进。根据深度贫困"百日攻坚战"安排部署，怒江州组织 1006 名会民族语言、有基层经验、能打硬仗的优秀干部"背包工作队"开展"背包上山、牵手进城"，推进完成易地搬迁工作。组织就业"背包小分队"，动员有劳动能力且没有稳定收入的贫困群众和易地搬迁群众外出就业，实现一个家庭至少 1 人就业的目标。借鉴易地搬迁"背包工作队"的做法，组建了人居环境提升大会战"工作队"，充实到驻村工作队、易地扶贫搬迁安置点管委会，聚焦整改质量、脱贫成色、产业发展、就业稳岗、数据质量、人居环境、后续巩固、群众认可八个方面提升脱贫效果。

三是选优配强驻村工作队。按照贫困村 3 人、深度贫困村 5 人的标准选派驻村扶贫工作队员，2017 年 11 月作出《中共怒江州委关于抽调精兵强将组建脱贫攻坚和基层党建实战队的决定》，动态选派 3734 名实战队员。四年来累计选派 13383 人次干部驻村。在全省率先建立"乡镇大队长"工作层级，选派 29 名州级机关副处级实职干部担任大队长。选好配强 257 名行政村第一书记，均由科级以上干部担任，其中，处级干部任第一书记的有 19 人。目前，全州共有 7493 名干部在脱贫攻坚一线实战，占全州干部职工总数的 52%，处级干部、科级干部也派入工作队中，充实攻坚力量。其中，"背包工作队"队员 1313 名，其中包含处级干部 129 人、科级干部 355 人；驻村工作队员 1631 名，其中中央和省级选派 114 人、州级选派 396 人、县市级选派 1118 人，处级干部 65 人、科级干部 464 人；易地扶贫搬迁安置点新增就业"背包小分队"队员 500 名。驻村工作队员承担着政策宣讲员、基层党建指导员、产业发展服务员、项目建设助理员、易地搬迁组织员、素质提升培训员、环境卫生监督员、党风廉政监督员、动态管理信息员、新时代农民讲习所讲习员等十项任务，针对阶段性重点脱贫攻坚任务集中人员力量合力攻坚。

五、强化督导考核

1. 推进工作落实督导

工作落实是脱贫攻坚的关键，政策制定得好，关键在落实，只有不折不扣落实党中央脱贫攻坚的重大部署、省委省政府的工作安排，才能确保脱贫攻坚取得实效，实现全面建成小康一个不少的目标。特别是要以督导考核为"指挥棒"，通过督导考核，增强干部责任意识，以目标为导向，不断改进、修正工作中的不恰当做法，确保工作落到实处。

一是建立督导考核制度。从国家到地方各级都建立了督导考核制度，通过国家级、省级和州级对各县（市）、各乡镇、各贫困村的考核、评估及第三方评估，及时发现问题、反馈问题、解决问题，对标考核评估内容，进一步明确脱贫攻坚的目标、任务和实现路径，从逆向倒逼责任落实、工作落实，切实做到六个"精准"，确保打赢脱贫攻坚战。

二是建立督战制度。2018 年，怒江州委办、州政府办出台了《关于下派督战组驻县（市）开展脱贫攻坚常态化督战工作的实施方案》，建立州委常委督战脱贫攻坚制度，成立 4 个督战组推动工作落实。重点督战对象为县（市）党委和政府、行业扶贫部门、"挂包帮"定点扶贫部门、驻村扶贫工作队。

三是实施问责机制。制定出台《怒江州脱贫攻坚实施问责办法》《怒江州脱贫攻坚约谈实施办法》，实行月度通报、季度考核、半年现场观摩点评及县市党政主要领导述职制度，着力强化审计监督、纪检监察监督等6道防线。

2. 强化扶贫资金监管，确保资金取得实效

紧盯"两不愁三保障"脱贫目标，精准安排和使用资金，强化扶贫资金监督管理，提高资金使用效益，为脱贫攻坚提供支持和保障，确保资金取得实效。

一是加强资金管理。坚持把扶贫资金作为"带电的高压线"，严格贯彻落实上级的各项规定，结合州情实际，制定完善了《怒江州脱贫攻坚财政专项资金管理办法》《怒江州财政专项扶贫资金管理办法》《关于进一步做好统筹整合财政涉农资金试点工作的指导意见》《脱贫攻坚财政涉农资金监督检查工作方案》等十多项加强财政扶贫资金管理、加快扶贫资金支出进度、建立和规范台账方面的意见、办法、通知，健全了脱贫攻坚财政资金筹集、拨付、使用、监督、管理和整合等各环节制度规范，确保资金管理有章可循、有规可依，统筹指导各县（市）涉农资金整合方案编制和资金管理工作。

二是强化资金监督。严格落实《怒江州人民政府关于印发怒江州脱贫攻坚财政涉农资金监督检查工作方案》《怒江州财政部门行业扶贫指导工作实施方案》文件要求，积极整合州县财政、审计、扶贫等监管力量，深入一线指导、督促、检查，点面结合，对部门和县市扶贫资金使用管理情况开展针对性督导，及时解决存在的问题，促进资金安全、高效运行。对扶贫资金全面实施绩效管理，牢固树立"花钱必问效率，无效必问责"的意识，督促指导各县（市）财政部门、项目单位及行业主管部门高效做好扶贫项目资金绩效管理工作，强化绩效目标管理、绩效运行监控和结果应用，全面提高财政扶贫资金使用效益。聘请第三方中介服务参与扶贫资金监督检查，解决州县监管力量薄弱问题。

三是落实整改要求。针对中央第十二巡视组对云南省开展脱贫攻坚专项

巡视、民建云南省委 2018 年度怒江州脱贫攻坚专项民主监督工作调研、省人民政府怒江州脱贫攻坚领导小组第 5 次会议省级部门指出问题，各级督查巡查、审计等反馈怒江州关于财政扶贫资金管理、财政支持脱贫攻坚政策等具体整改事项，按照不重不漏的原则，及时制定整改方案、列出问题清单，认真研究部署，逐项推进整改落实。深入基层开展"百日歼灭战"挂牌督战、脱贫攻坚调研指导、开展扶贫资金使用管理风险问题大排查。对乡镇财政收支和扶贫资金管理审计发现的问题，进行督导整改。

四是积极开展扶贫领域腐败和作风问题专项治理。组织开展惠民惠农财政补贴资金"一卡通"专项治理、民生和扶贫领域项目排查整改、统筹整合涉农资金监督检查、财政扶贫资金管理自查自纠，重点对财政扶贫资金拨付使用管理情况进行了检查，对财政扶贫资金、涉农整合资金使用管理中存在的一些问题，及时进行了整改和纠正完善。认真开展财政脱贫攻坚监督执纪问责问题线索排查工作，建立了财政脱贫攻坚监督执纪问责问题线索排查机制，对全州财政系统扶贫领域问题线索进行集中排查，促进资金规范使用、高效运行。

3. 建立干部考核激励机制，增强干事创业本领

制定出台《在脱贫攻坚主战场坚决打赢新冠肺炎疫情防控阻击战和深度贫困歼灭战中激励干部担当作为十条措施》《怒江州容错纠错实施办法（试行）》等制度，全面建立健全脱贫攻坚监督执纪激励体系。

坚持脱贫攻坚中考察干部、识别干部。建立州委组织部领导班子成员分片联系服务干部工作制度，近距离了解考察识别干部，对推进脱贫攻坚不力的坚决调整，对脱贫攻坚实绩突出的提拔使用，对工作表现一般的约谈诫勉。2018 年来，共提拔使用脱贫攻坚实绩突出的干部 430 名，其中处级干部 61 名，科级干部 369 名。职务职级并行以来，因脱贫攻坚工作实绩突出，439 名干部晋升职务，其中一至四级调研员 109 名，一至四级主任科员 330

名；全州15名干部因推动脱贫攻坚工作不力被组织调整，其中处级干部2名，科级干部13名。

关心关爱一线干部。州委办、州政府办印发了《怒江州脱贫攻坚一线工作人员抚恤救助关爱办法（试行）》《"怒江扶贫暖心基金"管理使用办法》，加强对一线扶贫干部的关心慰问。2020年3月，推出关心关爱干部"暖心+"套餐，州、县（市）委常委、各单位党政主要负责人带队深入脱贫攻坚一线和扶贫干部家中开展暖心慰问、暖心家访；为帮扶干部组织暖心体检，派出"舒心减压服务队"到脱贫任务较重的地方巡回开展心理疏导；自2015年以来，全州有27名同志在脱贫攻坚战场上献出生命、49名同志在脱贫攻坚一线受伤致残、73名同志在脱贫攻坚一线患重病。州委及时启动"扶贫暖心基金"，对在脱贫攻坚一线牺牲干部的配偶、子女、父母进行抚恤救助，对因脱贫攻坚患病、致伤致残等干部进行关爱救助。2020年7月，州委举行首批扶贫暖心基金集中关爱慰问活动，对78名在脱贫攻坚一线死亡干部遗属、受伤致残和患重病干部进行慰问，共发放"怒江扶贫暖心基金"慰问金138万元。

2017年表彰优秀驻村工作队员14人、扶贫先进工作者20人；2019年表彰表扬脱贫攻坚先进集体50个、先进个人490人；2020年通报表扬疫情防控阻击战中表现突出的97个集体和540名党员、干部、医务人员，15支"背包工作队"集体和100名"背包工作队"队员。通过表彰，增强了扶贫干部的责任感、使命感，同时也为广大党员干部树立了榜样，传承和发扬了脱贫攻坚精神。

第二节　强化体制机制建设

一、建立脱贫攻坚管理体制

一是贯彻中央统筹、省负总责、市县抓落实的管理体制。怒江州强化党政一把手负总责的责任制，坚持大扶贫格局，健全东西部协作、党政机关定点扶贫机制，调动社会各界参与扶贫开发积极性，增强整体合力，激发内生动力，以制度优势保障脱贫攻坚。

二是构建"县负总责、部门联动、乡（镇）为主体、村为重点、工作到组、扶贫到户、责任到人"的工作机制。强化组织领导，层层压实责任，切实把脱贫职责扛在肩上，把脱贫任务抓在手上，充分发挥各方作用，推动各项任务精准推进、精准完成。如福贡县在脱贫攻坚中，领导小组下设综合协调组、易地搬迁组、安居建设组、基础设施组、产业发展组、教育扶贫组、社会保障组、健康扶贫组、资金监管组、督战工作组、驻村保障组、监督工作组、宣传报道组共 13 个专项工作组，构建了决战深度贫困脱贫攻坚的指挥作战体系，推动各项任务落实落地见效。

二、建立规划指导体系

一是加强顶层设计。中央对"三区三州"等深度贫困地区打赢脱贫攻坚战提出的部署和要求，为云南省和怒江州完成脱贫攻坚任务指明了方向、提供了政策保障。云南省委、省政府先后出台了《怒江州扶贫攻坚总体方案（2013—2017 年）》《怒江州脱贫攻坚全面小康行动计划（2016—2020 年）》等文件，对怒江州发展给予特殊的政策倾斜。2017 年以来，为贯彻落实习近平总书记关于深度贫困地区脱贫攻坚的重要讲话精神和中共中央的决策部署安排，云南省委、省政府进一步加强对怒江州等深度贫困地区的支持和指导，于 2018 年 1 月 10 日出台了《关于深入推进深度贫困地区脱贫攻坚的实施意见》，要求各地各部门落实扶贫责任，对深度贫困县、深度贫困村给予重点统筹支持，细化了易地扶贫搬迁、产业就业扶贫、生态扶贫、健康扶贫、教育扶贫、素质提升、农村危房改造、贫困村脱贫振兴、守边强基和迪庆怒江深度贫困脱贫十大攻坚战。2018 年 2 月 24 日，云南省扶贫开发领导小组报国务院扶贫开发领导小组备案后，印发了《云南省全力推进迪庆州怒江州深度贫困脱贫攻坚实施方案（2018—2020 年）》（云开组〔2018〕7 号），进一步明确提出了总体要求、脱贫计划和目标、重点工作任务和责任单位、投入规模、政策措施和组织保障，加强对怒江州脱贫攻坚的指导。

二是强化规划引领。根据中央和省有关深度贫困地区脱贫攻坚的部署安排，怒江州委 2017 年 8 月 29 日印发了《中共怒江州委关于坚决打赢深度贫困脱贫攻坚战的决定》，怒江州委、州政府 2017 年 9 月 11 日印发《怒江州深度贫困脱贫攻坚规划（2017—2020 年）》，2018 年 4 月 11 日根据省扶贫开发领导小组实施方案进一步细化任务安排，印发了《中共怒江州委　怒江州人民政府关于印发〈云南省全力推进迪庆州怒江州深度贫困脱贫攻坚实施方案（2018—2020 年）〉的任务分解的通知》，提出 2020 年的目标任务，全州实现 4 个贫困县（市）全部摘帽，249 个贫困村（218 个深度贫困村）和 24 个深度贫困乡出列，贫困人口全部脱贫，区域性整体贫困问题基本解决。脱贫攻坚规划对贫困人口脱贫、贫困县摘帽的时间表、路线图、责任人和实施路径提出明确要求，成为怒江州精准实施脱贫攻坚战略的重要抓手。下辖的 4 个县（市）也根据中央、省、州的部署安排，制定了脱贫攻坚规划、实施方案和年度工作重点，实施挂图作战、倒排工期，确保全面完成脱贫攻坚任务。

三、建立责任落实机制

近年来，怒江州深入贯彻落实扶贫领域监督执纪问责五项工作机制，抓实问题线索排查、强化监督检查，以精准监督护航脱贫攻坚。

一是强化问题线索排查。畅通信访举报平台，广泛受理扶贫领域群众信访举报。同时，要求各职能部门认真梳理党的十八大以来在业务工作和监督检查中发现的扶贫领域问题线索及处置情况，并及时上报纪检监察机关。要求各主责部门主动落实线索排查及问题移交机制，州直各职能部门通过日常监督、业务监管、监督检查等发现的扶贫领域违纪问题线索及时移送纪检监察机关，防止问题线索流失。

二是开展扶贫领域督查。州县纪委分别组成专项检查组，深入到各乡镇进行监督检查。通过查阅台账资料等形式，重点检查各乡镇纪委，村务监督委员会学习贯彻相关会议、文件精神，开展问题线索排查、移交和处置等情况；通过走访贫困户，重点排查在脱贫攻坚政策落实过程中贪污挪用、截留私分、优亲厚友、虚报冒领、雁过拔毛、抢占掠夺等问题。

三是压实脱贫责任落实。严肃扶贫领域失职失责问题的责任追究，对在扶贫领域资金、项目等方面发生系统性、区域性或严重违纪违法问题影响恶劣，行业主管部门监督不力、处置不当或不履责尽责，应该发现的问题而未发现，发现问题不报告、不移交的，严肃追究州直部门管理责任。对贫困村未如期实现脱贫目标、群众满意度低的，在严肃追究县（市）、乡（镇）、村三级领导班子成员责任的同时，一并追究"挂包帮"单位连带责任。

第三节　强化政策支撑

怒江州在中央和省关于支持深度贫困地区脱贫攻坚政策的指导下，在三年脱贫攻坚规划安排下，始终紧紧围绕"五个一批"，精准施策解决"两不愁三保障"突出问题，细化出台了产业就业脱贫、易地扶贫搬迁、生态扶贫、教育扶贫、兜底保障、健康扶贫等一揽子政策，打好政策"组合拳"、形成合力，为打赢深度贫困地区脱贫攻坚战提供强有力的支撑。

一、建立精准扶贫脱贫政策体系

怒江州在脱贫攻坚中，围绕"两不愁三保障"目标，把脱贫攻坚作为每月重点工作全力推进。建立健全脱贫攻坚工作机制、责任机制和考核机制，深入开展建档立卡"回头看"和精准扶贫大数据管理平台信息录入工作，对贫困对象实行精准识别、动态管理，出台了《怒江州2019年乡（镇）扶贫开发工作成效暨州级行业扶贫和"挂包帮"定点扶贫工作考核评价实施方案》《关于开展建档立卡"回头看"贫困户精准识别抽查的通知》等一系列政策，构建了精准识别、精准帮扶、精准管理、精准考核政策框架体系。

二、建立多渠道投入保障体系

1. 积极争取各方支持，加大资金投入保障力度

怒江州通过多渠道的资金支持，为脱贫攻坚注入发展基础保障。2016年以来全州各级各类扶贫资金总投入330.58亿元，其中2016年27.84亿元、2017年32.12亿元、2018年73.91亿元、2019年115.85亿元、2020年80.86亿元。分类投入情况为：中央和省级投入249.65亿元，州级投入4.34亿元，县（市）级投入6.44亿元，政府债券资金投入39.74亿元，社会帮扶资金投入30.41亿元。

全州结合脱贫攻坚规划，围绕年度脱贫任务，统筹整合财政涉农资金，优先用于有助于贫困人口持续增收的产业发展项目，共整合财政涉农资金84.78亿元（含县市整合资金1.3亿元），其中2018年28.32亿元、2019年29.22亿元、2020年27.24亿元，涉农资金实现"因需而整、应整尽整"；2018年、2019年涉农整合资金已全面完成支出清零，2020年统筹整合涉农资金实际报账支出16.77亿元，未支出资金10.47亿元，支出率61.57%，支出进度比上月提高38.97个百分点，比上年同期增长32.48个百分点。

2. 聚焦重点任务，统筹保障全州决战决胜深度贫困脱贫攻坚资金需要

一是全力保障《怒江州深度贫困脱贫攻坚实施方案》项目资金需要。全州投入十大扶贫工程建设资金164.03亿元，支持十大扶贫工作项目建设。重点加大易地扶贫搬迁资金投入，2018年至2020年6月，全州投入易地扶

贫搬迁工程项目建设资金 65.12 亿元,支持全州易地扶贫搬迁及搬迁点后续公共服务设施建设;强化贫困人口民生保障支持力度,2018 年至 2020 年 6 月,全州累计投入贫困人口到人到户补助、农业保险保费补贴、易地扶贫搬迁政府债券贴息和深度贫困实施方案外其他扶贫项目资金 78.08 亿元。

二是把州县财政扶贫资金用在刀刃上。州县级财政投入脱贫攻坚各项扶贫资金 6.70 亿元,重点用于支持保障全州教育文化扶贫专项、贫困人口基本民生专项、驻村工作队(实战队)、动态识别、易地搬迁债券贴息、"背包上山""暖心基金"、脱贫攻坚普查工作经费等扶贫支出。

三是用好用足社会帮扶资金投入。2018 年至 2020 年 6 月,社会帮扶资金累计投入 22.93 亿元,其中 2018 年投入 6.34 亿元、2019 年投入 8.8 亿元、2020 年投入 7.79 亿元,重点用于易地扶贫搬迁、产业帮扶、劳务协作、医疗教育、干部交流等方面,有力地助推了怒江脱贫攻坚工作。

3. 强化资金管理,提高资金使用效益

一是完善制度建设,加强资金管理。先后制定出台了《怒江州财政专项扶贫资金管理办法》《怒江州产业扶贫资金使用和管理办法(试行)》《怒江州财政局 怒江州扶贫办关于进一步做好统筹整合财政涉农资金试点工作的指导意见》等制度,严格落实扶贫资金使用管理各项制度。

二是加强公示公告制度,让扶贫资金在"阳光中"运行。把扶贫项目安排和资金使用的公告公示情况作为监督检查的重要内容,提高整合涉农资金分配和使用的透明度,建立群众参与的工作机制,接受人民群众和社会各界的监督。以政府门户网站、微信公众平台、张榜公示、广播宣传、召集村民大会等方式,对扶贫资金政策、扶贫年度项目实施方案、统筹整合涉农资金预算方案、资金拨付执行情况、项目和资金工程情况和扶贫资金使用情况等进行全方位公告公示,让群众充分享有知晓权、参与权、监督权。

三是强化监督检查,规范运行制度。建立涉农资金支出月报告制度,及

时掌握涉农资金支出进度情况，财政、扶贫联动建立定期或不定期督查督导机制，加大对资金使用的检查力度，针对检查发现的问题，及时反馈各部门进行整改，规范项目单位支出行为，保证资金安全、规范和高效运行。兰坪县建立了纪检、审计、扶贫等多部门联合监督检查工作机制，深入开展扶贫领域腐败和作风问题线索排查工作，与农业、民政、林业等部门开展惠农惠民补贴资金"清卡"行动，切实解决补贴资金滞留、挪用、侵占、阻塞等问题，通过购买服务的方式开展2016—2020年财政扶贫资金监督检查工作，并联合审计、扶贫部门督促整改，规范资金使用。

三、建立多行业多部门大扶贫格局

怒江州围绕人、地、钱等主要因素，大力出台相关政策，从源头对脱贫攻坚进行支撑，加大资源整合和政策倾斜力度，打出"产业扶贫＋易地扶贫搬迁＋教育扶贫＋生态扶贫＋健康扶贫＋社会保障"的政策"组合拳"。

产业扶贫方面，先后出台了《怒江州农业产业扶贫指导意见》《怒江州农业产业扶贫8项产业发展行动方案》等政策为产业发展提供政策指导。

易地扶贫搬迁方面，出台了《怒江州易地扶贫搬迁安置点工程质量安全25条保障措施》等政策制度和工作措施，制定出台了怒江州"10项宣传动员要求、18条规范化建设标准、20条后续保障措施"制度，创新探索了靠近县城、靠近中心集镇、靠近边境乡镇等"三靠近"的安置思路。

教育扶贫方面，印发了《怒江州义务教育"控辍保学"实施意见》《怒江州坚决打赢控辍保学攻坚战行动方案》《怒江州控辍保学追责问责办法》等文件，对因学致贫、因学返贫等现象作出有效对策。

健康扶贫方面，围绕让贫困人口"看得起病、看得好病、看得上病、少生病"，精准施策，统筹推进，精心组织实施健康扶贫工程，制定了《怒江州推进家庭医生签约服务实施方案》等，提升了贫困人口整体健康水平。

资金管理方面，制定了《关于进一步加强扶贫资金管理的通知》，为项目的推进提供了政策保障和指导意见，彻底解决项目等资金的情况，让"十大工程"落实落地。印发了《怒江州人民政府办公室关于脱贫攻坚项目实行"绿色通道"管理的通知》，强化金融扶贫政策加强扶贫资金管理。

四、织密社会保障网络

根据社保兜底一批的要求，怒江州落实兜底保障责任，筑牢社会保障网。从州级层面成立了兜底保障工程指挥部，下设办公室在州民政局，抽调相关单位人员组成工作专班，定期分析研究兜底保障工作，解决工作推进中的困难问题。根据国家和省关于脱贫攻坚、农村最低生活保障有关政策文件，怒江州出台了《农村最低生活保障制度与扶贫开发政策有效衔接工作实施方案》《怒江州人民政府办公室关于进一步做好农村最低生活保障兜底脱贫工作的通知》《怒江州脱贫攻坚兜底保障工作实施方案》等配套政策文件。

一是完善农村最低生活保障制度，确保应保尽保。合理认定低保人口。按照"不漏一户、不漏一人"的要求，严格按照农村低保和建档立卡贫困人口各自识别认定的标准和程序，分别把符合条件的对象纳入救助或帮扶范围，符合两项条件的做到"双纳入"。对完全或部分丧失劳动能力且无法通过产业扶持和就业帮助脱贫的贫困人口进行兜底保障。截至 2020 年 6 月底，全州建档立卡贫困人口 26.7 万人中纳入低保的有 8.4 万人，纳入特困人员供养的有 0.14 万人。怒江州建立低保标准动态调整机制，逐步提高农村最低生活保障标准，农村最低生活保障标准从 2018 年的 3600 元 / 人年提高到 2020 年的 4560 元 / 人年。落实过渡性兜底保障政策。对收入水平超过扶贫标准但仍符合低保标准的对象，继续实行低保救助，做到"脱贫不脱保"。对通过发展产业、实现就业等方式实现家庭收入超过农村低保标准的保障对象，在进行系统标注后可继续享受 12 个月过渡期低保，通过救助渐退，增强其就业和发展产业脱贫的稳定性。对低保对象和兜底对象进行动态管理，加强动态跟踪监测，及时将易返贫户纳入社会兜底保障范围，对脱贫不稳定户、边缘易致贫户进行跟踪监测帮扶。

二是健全社会救助体系，确保应救尽救。精准落实特困救助供养制度。精准认定特困人员，确保所有无劳动能力、无生活来源、无法定赡养抚养扶养义务人或者其法定义务人无履行义务能力的老年人、残疾人以及未满16周岁无亲属和其他监护人抚养的未成年人，及时纳入特困人员救助供养范围，做到"应救尽救、应养尽养"。实施集中供养和分散供养相结合的分类供养机制。提高救助供养标准。落实全省特困人员救助供养标准提高到不低于每人每月665元政策，实现城乡统筹。精准落实临时救助制度。精准识别救助对象，分类分档设定救助标准，完善急难个案发现机制，优化简化审核审批程序，完善先行救助或直接救助办法，提高救助时效性。精准落实孤残儿童保障制度。建立孤儿基本生活保障制度，政府提供基本生活、委托监护或家庭寄养劳务补贴、医疗康复、教育、住房保障和成年后就业扶持。精准落实残疾人生活补贴和护理补贴"两项"补贴制度。做好两项补贴与低保和其他救助补贴的衔接。加强专项救助制度与扶贫政策的衔接。严格落实按照国家和云南省专项救助政策，将建档立卡贫困人口、低保对象、农村分散供养人员、贫困残疾人纳入医疗、教育、就业和农村C、D级住房困难户等专项救助，分别给予专项扶持，确保应助尽助。充分发挥各种急难性救助的补充作用。精准落实受灾群众救助制度，做好受灾人员的紧急疏散、转移、安置和衣食住等应急救助，提供基本生活救助。精准落实疾病应急救助制度，对社会保障兜底对象中无力支付急救费用的急重危伤病患者给予救助。发挥保险保障功能。由县级财政自筹资金，推出建档立卡贫困群众财产人身组合保险。截至2020年3月，共实施133565人的人身和财产安全保险业务，投资530.9万元。夯实基层救助力量。积极推行政府购买社会救助服务工作，全州面向社会公开招聘424名社会救助工作人员、民政协理员，经培训全部上岗。建立乡镇临时救助备用金制度，在乡镇储备人均50—100元备用金，确保乡镇临时性困难群众得到及时救助。重点建立主动发现和主动救助机制，先行救助机制，确保临时救助实现对象精准、救助及时、救助到位。

三是强化农村基本养老保障，确保应养尽养。怒江州始终坚持聚焦脱贫攻坚"两不愁三保障"的目标，积极做好建档立卡贫困户城乡居民基本养老保险工作。印发了《怒江州关于印发建立城乡居民基本养老保险待遇确定和基础养老金正常调整机制的实施意见》，结合州《城乡居民基本养老保险实施细则》提高了基础养老金标准。在中央、省财政补助的基础上，州财政按照每人每月 5 元标准提高基础养老金。对累计缴费年限超过 15 年的参保人，缴费年限每增加 1 年，州、县两级财政每月加发 2 元的基础养老金，对 2019 年起参保人在缴费或待遇领取期间死亡的，县（市）财政给予 12 个月全省最低基础养老金标准的 1236 元 / 人一次性丧葬补助金。对未标注脱贫的建档立卡贫困人口、低保对象、特困人员等缴费困难群体，由县（市）级政府为其缴纳最低标准基本养老保险费，确保符合条件的建档立卡贫困户 100%参加基本养老保险。2017 年以来，建档立卡贫困户参保率保持在 100%。开展互助养老服务，提高养老服务能力，健全村社养老设施，为农村留守老人提供便利的社区居家养老服务。重点支持居家养老服务中心建设，建设农村养老服务机构 82 个，每个建设规模 400 平方米，共计 31200 平方米。按照 4000 元 / 平方米的补助标准，投资 13120 万元。新建居家养老服务中心 184 个，从生活照料、护理康复、精神关怀等方面提升能力，为有需求的老年人提供就餐、托养、健康、休闲和上门照护等服务，解决贫困村留守老年人的养老问题。

第四节　强化产业培育

一、培育扶贫主导产业

怒江州立足高山峡谷的自然条件，遵循"山顶封和禁、半山移和退、河谷建和育"的方针，在力求扶贫产业项目尽量覆盖绝大部分贫困人口的政策目标设定下，怒江州的扶贫产业围绕念好"山字经"、唱好"林草戏"、打好"畜禽牌"的思路，培育立体生态农业产业，深入推进产业扶贫与生态建设有机结合，因地制宜发展了以草果、有机茶、羊肚菌、特色蔬菜水果、中药材、高黎贡山猪、黄牛、山羊、土鸡、中蜂为主的高原特色种养殖业及加工储运服务业等，区域特色优势产业体系初具规模。

二、培育带贫主体

新型农业经营主体是推动贫困地区乡村振兴的重要载体，也是带动贫困人口脱贫致富的重要引擎。怒江州在积极引进外地龙头企业的基础上，加快培育发展本地新型农业经营主体，2019年省级财政资金支持1000万元，珠海扶持500万元，对30个带贫成效较好的农民专业合作社每个给予了50万元的奖励扶持。2020年争取珠海帮扶资金1500万元，奖励30个带贫标杆社。贷款难、融资贵是深度贫困地区新型农业经营主体面临的突出问题。2018年底，怒江州引进云南省农业投资担保公司设立了产业扶贫担保基金，截至2020年10月，已累计向48户新型农业经营主体发放担保贷款4702万元，为新型农业经营主体做大做强提供了强有力的支持。为了甄别和支持新型农业经营主体"扶真贫、真扶贫"，怒江州将新型农业经营主体直接带动贫困户的效果作为其享受项目资金和金融支持等政策的必要条件，全力推进"双绑"机制建设。现全州有省级龙头企业9家，州级龙头企业59家，农产品加工企业（包含个体户）910户；运行良好的专业合作社1412家，其中国家级示范社4家，省级示范社27家，州级示范社47家；有家庭农场44家。参与产业扶贫的各类新型农业经营主体987个，新型经营主体带动全州建档立卡户6.56万户25.69万人，覆盖率100%。

三、完善利益联结机制

新型经营主体是产业扶贫、带贫的纽带，通过构建有效的利益联结机制，将贫困群众接入到产业链条中，享受产业发展红利是产业扶贫发挥作用的关键。怒江州积极探索、构建了"农业公司＋农民合作社＋基地＋农户""党支部＋企业（合作社）＋农户""公司＋集体经济＋合作社＋农户""入土地＋入劳力＋入资金"的"三金"模式等，实现企业带合作社、合作社带大户、大户带贫困户。鼓励和引导贫户以"土地流转""代耕代种""代管代收"等方式参与农业发展，有效激活土地、劳力、资产等要素，延伸产业链、走种养加、产加销一体化发展路子，带动贫困农户持续稳定增收。

四、加强品牌建设

绿色是怒江州产业发展的底色，也是产业发展优势。怒江州十分重视农业可持续发展，以打造"绿色食品"为重点，全面开展违法销售使用除草剂等高毒高残留农药专项整治行动和化肥减量增效行动，推广病虫害绿色防控技术和高效安全施药技术，加快推进农产品"三品一标"建设。同时，积极组织怒江州企业参加省内外各类农产品展销推介活动，借助今日头条、抖音、西瓜视频等平台的信息技术和流量优势，提升怒江特色农产品知名度、认知度；通过"中国光彩事业怒江行"活动，借助企业、电商平台等帮扶力量，线下线上联合发力，推动怒江农特产品出山进城。利用东西部协作和国企定点帮扶，加强了产业发展基础能力建设，在外部资源要素流入怒江州的同时，帮助怒江州把农特产品销往沿海城市，实现农产品市场实现地区间资源要素和产品服务融通。同时，利用大型企业带动促进产业发展提质增效。中交集团投资21亿元建设香料产业园，打造香料种植产业示范展示基地、草果等香料精深加工园区，与热科院、怒江州政府共同建设热科院绿色香料产业研究院落户园区，加大产业发展科技支撑。

专栏一

小草果释放大能量成为百姓脱贫致富的"金果果"
——福贡县产业扶贫典型经验做法

"做活林字文，唱好林草戏，打好生态牌"是历届福贡县委、县政府提出的产业发展思路。近年来，福贡县坚持走"生态建设产业化、产业发展生态化"的路子，立足林地多和怒江河谷气候温润的优势，以退耕还林为契机，将草果作为产业扶贫重点项目，引导群众转变传统种植模式，逐年扩大种植面积，通过推动绿色引领、创新形式、辐射带动、精深加工，打造峡谷绿色品牌，走出一条小草果释放大能量，脱贫攻坚路上实现"百姓富"和"生态美"双赢的路径。

第一，聚焦生态化，做大草果产业。2007年以来，共投入资金1.8亿余元，通过鼓励能人带动、企业带动、基地带动等方式，大力扶持群众发展草果产业。截至2019年末，全县共种植草果56万亩，累计挂果14万亩，产量1.7万吨，产值1.42亿元（鲜果8.4元/公斤），覆盖全县57个行政村1.4万余户种植户，户均收入1万元，其中建档立卡贫困人口1.2万余户5.08万余人，占全县建档立卡户总人口的73%，户均收入约0.8万元。预计到2020年末，全县草果挂果面积可达17万亩，产量2万吨，产值1.7亿元以上。通过做大草果产业，改善了脆弱的生态环境，山谷边坡成了群众增收致富的"沃土"，森林覆盖率从2016年的79.47%增加到目前的

82.23%，实现了农户增收和土地增绿双赢，成为福贡县践行"两山"理论的生动实践。

第二，聚焦组织化，做强草果产业。为提升草果产业的组织化程度，在抓好技术培训、病虫害防治、提质增效的基础上，鼓励农户采取"互助、互帮、互带"的形式，推进连片规模发展，改变了散小弱、农户单干的模式，实现了"多个农户联合连片，单个农户连片"。同时，大力推广"龙头企业＋基地＋电商平台＋贫困户""党支部＋公司＋合作社＋基地＋贫困户"等发展模式，通过股份合作、订单生产、托管生产，深化租赁联结、股份联结和劳务联结等利益联结模式，带动贫困户增收。目前，全县共有6个草果烘干厂，2家草果加工龙头企业，直接带动贫困户5721户22740人增收；24家草果种植农民专业合作社，累计注册资金9850万元，入社建档立卡户1200余户，年产值3000万元左右；57个行政村全覆盖建设育苗、种植基地，实现了草果规模化、集约化、标准化、规范化发展。

第三，聚焦市场化，做优草果产业。为了打响福贡的草果品牌，通过联合帮扶单位、企业开展草果文化宣传推介、网上直播带货和草果价值挖掘等多种活动，真正让草果走出去，带动群众增收。一是抓品牌。坚持绿色发展理念，持续实施草果提质增效，获得有机产品认证面积5万亩，注册完成"天境怒江"等39个福贡草果商标121个类别草果品牌。二是抓宣传。采用电子商务、微信直销等新零售模式，拓宽销售渠道和销量，提高福贡县草果产业市场化水平，先后举办"让种的人小康、让吃的人健康—怒江·福贡草果文化宣传推介活动""百日总攻 抖来助力"等活动，加强与电商平台的合作交流，提升福贡草果的影响力，让草果从深山中走出来，让更多人熟知。三是抓提升。成立福贡县美食协会，在草果饮食文化上下足功夫，成功打造出"草果宴"品牌，让小草果释放了大能量，助力福贡旅游产业发展。四是抓研发。研发出草果酱、草果酒、泡草果、草果料包等精深加工产品 10 余种，成立草果杆编织扶贫车间，利用以往的废品老草果杆编织出精美的草果手工艺品，打造出草果手工艺品牌，通过电商平台，对外营销，实现草果杆"变废为宝"，全产业链发展。

通过不懈努力，2019 年，福贡县草果被云南省人民政府评定为云南省"一县一业"特色县，草果成为全县带动力最强、辐射面最广、贡献率最大的脱贫"金果果"。

第五节　强化基础建设

怒江州是全国深度贫困"三区三州"之一，受自然环境、经济社会发展滞后等因素制约，全州贫困程度深、贫困面广，群众生存不易、发展更难，实现脱贫，既要加快脱贫基础设施瓶颈制约，又要大力实施易地扶贫搬迁，让困难群众"挪穷窝、拔穷根、换穷业"。

一、加快补齐饮水安全突出短板

怒江州始终把群众的饮水安全作为民生之本，抢抓政策机遇、积极推动工作落实。在全面完成"十二五"饮水安全工程的基础上，全面启动"十三五"饮水安全巩固提升工程建设，全面解决水量不足、供水设施老化严重、水质不达标等突出问题。

一是完善机制，加强组织领导。建立农村饮水安全工作领导机构，健全农村饮用水水质提升工作联席会议制度，每月定期召开全州农村饮水安全巩固提升工程建设和饮水安全突出问题整改工作月调度视频会议。如泸水市成立了以市委、人大、政府、政协四套领导班子任组长，市水利局领导任副组长，各乡（镇）及相关部门主要负责人为成员的农村饮水安全保障排查工作领导小组，工作组下沉全市各乡（镇），领导班子成员挂片，每个乡（镇）安排 2 名专业技术人员全面监管和推进农村饮水保障日常工作。

二是科学谋划，加大资金投入。对照脱贫摘帽水量、水质、取水方便程度和供水保证率四项规定标准要求，全面排查安全隐患，制定农村饮用水水质提升专项行动方案。充分运用涉农整合平台，争取资金最大支持。

三是管建并重，强化后续管护制度建设。建立服务承诺制度，在政府门户网站公布各级农村饮水安全的监督举报电话和邮箱，接受社会监督、举报和投诉。建立水费收缴制度，出台农村供水工程水费收缴的工作方案与农村饮水安全工程运行管理工作的指导意见。建立管护维修制度，制定出台农村饮水安全管理办法，利用生态补偿和生态保护工程资金选聘当地有劳动力的部分贫困人口为河道管理员。建立水质提升联席会商机制，加强部门沟通协调，压实主体责任。建立全覆盖排查整改机制，实行"包乡、包村、包工程"全面排查，对问题易反弹的村组盯住不放，及时排查及时整改。建立抗旱应急机制，密切关注旱情变化，以便在第一时间启动应急预案进行有效处置。

二、稳步有序推进农村住房改善

开展脱贫攻坚以来，怒江州开阔思路、克服困难，政府高位推动、部门上下联动，充分挖掘群众内生动力，举全社会力量强力推进农村危房改造和易地扶贫搬迁工作，实现全州农村住房旧貌换新颜，农民群众真正过上了住有所居、住有所安、住有所乐的生活。

一是扎实推进农村危房改造。强化组织保障，州、县（市）、乡（镇）三级成立农村危房改造和抗震安居工程建设工作领导小组、农危改工程指挥部；村级成立联合建设委员会或联合建设小组，组织施工单位、村组建筑工匠和农户建立村组施工队伍；组建农危改技术专家委员会、督战小分队、"背包工作队"、暖心团等工作队伍下沉作战，开展全州脱贫攻坚住房安全有保障大排查，推进房屋安全等级认定和贴牌工作。聚焦重点人群，加大投入保障。通过整合专项扶贫、行业扶贫、定点扶贫、东西部扶贫协作和社会支持等各类涉农资金，聚焦建档立卡贫困户、低保户、农村分散供养特困人员和贫困残疾人家庭等4类重点对象，统筹兼顾无力建房"非4类"和其他建房困难户。2014年以来，全州69392户建档立卡贫困户住房安全已经全面保障。

二是扎实推进易地扶贫搬迁。构建了高效、灵敏、稳定的组织指挥体系，州级率先带头配强配齐易地扶贫搬迁攻坚战指挥部工作力量，落实易地扶贫搬迁县（市）党委、政府一把手负责制。集中力量开展专项攻坚，实行易地扶贫搬迁挂牌督战，持续开展"背包上山、牵手进城"专项行动，全力宣传动员。围绕基本公共服务、培训就业、产业发展、宣传文化、基层党建和社区治理"五大体系"建设，有序推进"稳得住"18项重点工作。多措并举抓实产业就业，围绕安置点科学规划产业布局，及时出台推行"以工代赈"项目建设模式，建设扶贫车间吸纳就业，开发公益性岗位优先向搬迁群众倾斜，对有创业意愿和能力的搬迁群众提供扶志摊位。

三是加强搬迁安置点的规划建设。怒江州委、州政府提出"进城抵边"安置思路，围绕城区、集镇、交通沿线、中心村、边境一线、产业带动好的地方来进行选址布局，即采取县城安置、中心集镇安置和边境一线安置，有利于搬迁群众可持续发展和稳定脱贫，有利于安置点建设与新型城镇化、乡村振兴发展融合衔接，有利于存量用地规划、规避自然灾害隐患点。

专栏二

怒江州易地扶贫搬迁的实践探索

"看天一条线，看地一条沟，隔山挥挥手，见面要一天"。险峻的地貌条件让怒江州的扶贫难度成倍增加，要想彻底解决绝对贫困，搬迁是根本性举措。怒江州充分认识到自身地理位置特殊的实情，把易地扶贫搬迁作为脱贫攻坚"头号工程"，举全州之力奋力攻坚，真抓实干，成效显著，形成了一条具有怒江特色的易地扶贫搬迁新路子。

一是创新先行，高位推动。在实施易地扶贫搬迁工程进程中，怒江州坚持制度创新，紧密结合实际，制定出台"10项宣传动员要求、18条规范化建设标准、20条后续保障措施"制度，创新探索"三靠近选址""三点长督战""EPC建设模式"等行之有效的具体抓手，总结提出后续扶持"五大体系"建设等务实管用的工作方法，有力加快了怒江州易地扶贫搬迁进程。

二是集中力量、保证搬迁质量。怒江州在易地扶贫搬迁中，通过实行易地扶贫搬迁挂牌督战、开展"背包上山"和"扶贫暖心"专项行动，组建15支"背包工作队"、1006名"背包工作队"队员，牵手群众入住。坚持科学选址，实行城镇化集中安置。怒江州委、州政府提出"进城抵边"安置思路，围绕城区、集镇、交通沿线、中心村、边境一线、产业带动好的地方来进行选址布局。

三是科学谋划、开展"稳得住"工作。通过突出抓好"稳得住"示范点建设、有序推进"稳得住"18项重点工作、补齐水、电、路等配套设施，将安置点打造成环境优美、功能齐全、安居乐业的幸福家园。

四是"三治"融合，提升安置社区管理水平。采取"部门加挂包楼""珠海市—怒江州社区结对帮扶""周末志愿服务"等方式，组建千人暖心团全方位开展社区暖心和志愿服务，构建"管委会＋社区＋暖心团"的管理机制，推进安置点有序管理和暖心服务，消除搬迁群众的后顾之忧。

五是多元产业带动，夯实发展能力。通过鼓励发展特色产业、建立扶贫车间。通过东西协作资金、项目支持，实现搬迁群众有稳定收入。

六是宣传教育，激发内生动力。通过选派扶贫工作队、"背包工作队"、扶贫暖心团、感恩宣讲团、文艺宣传队，入驻安置点，走近搬迁户，倡导自力更生、自强自立的价值导向，引导贫困群众摒弃"等靠要"的思想，摆脱思想贫困，树立主体意识，变苦熬为苦干。

七是结合传统文化，让搬迁留住乡愁。充分尊重各少数民族的传统文化，在搬迁安置点中专门建造了村史馆，保留了民族地区传统的房屋构造，让贫困人口搬迁的同时，也留住对乡愁的回忆，让易地扶贫搬迁有了历史温度和文化传承。

三、扎实推进交通运输物流建设

一是加快突破交通设施瓶颈。2019年底，怒江美丽公路的建成通车，在极大地改善怒江沿岸30多万名群众出行条件的同时，提高了怒江的知名度，成为怒江交通的一张亮丽名片；兰坪通用机场通航，圆了怒江人民的航天梦，实现了怒江综合交通运输"零"的突破；2020年底，保泸高速公路将建成通车，结束怒江无高速公路的历史。全州路网结构不断完善，路面等级不断提高，安全畅通能力得到较大提升。

二是全面推进农村公路建设。2016年至今，全州实施完成建制村通畅工程、撤并建制村工程、"直过民族"自然村通畅工程、窄路基路面加宽工程、抵边自然村通畅工程、资源路旅游路产业路工程、50户以上不搬迁自然村通畅工程等农村公路新改建及安全生命防护工程8499公里，完成农村公路桥梁51座，累计完成投资35亿元。农村公路路网体系持续完善，全面消除了县与县之间、乡镇之间、村与村之间的"断头路"。

三是积极推进运输和邮政市场发展。共建设完成投入使用客运站23个，其中，三级站6个，四级站3个，五级站11个，实现29个乡镇通班线客车，乡镇通班车率100%；通客车建制村272个，通客车率为100%；全州道路运输市场发展良好。不断扩大邮政服务网点布局，完善邮政实物和信息网，实现邮政投递村寨通达。截至2019年底，全州邮政业务总量145.2万元，完成邮政业务收入189.2万元，快递包裹量9143.6万件，连续四年保持30%以上增长；民营快递从无到有，现有快递品牌12个，法人企业16家，分支机构35家。全州经营网点共145个；全州29个乡镇、272个建制村实现100%通邮；基本建成以州府六库镇为中心、辐射全州的快递服务网络，基本形成商流、物流、信息流、资金流融合发展的格局。

四、大力推进农村信息网络建设

一是扎实推进广播电视无线数字化覆盖工程建设。一手抓广播电视事业建设，一手抓广播电视信号覆盖，开展直播卫星村村通、户户通建设，建成了从城镇到农村、有线无线与卫星、广播与电视、数字与模拟相结合的多层次、多功能的广播电视传输覆盖网络。

二是扎实推进网络宽带全覆盖工程建设。全面落实上级政策文件要求，编制年度《电信普遍服务试点实施方案》，出台配套政策措施，强化组织保障，持续开展通信行业扶贫排查和问题整改工作。全面补齐易地扶贫搬迁安置点网络盲区，稳步推进 5G 网络建设，加快推动 5G 技术商用，为"智慧怒江"、大滇西旅游环线建设做好信息基础设施保障。

专栏三

天堑变通途修路打开幸福门

道路交通等基础设施建设短板是制约怒江州发展的首要因素。长期以来，过桥溜索、翻山越岭、人背马驮是最主要的出行方式。特别是独龙江乡出行最难。1964 年建成人马驿道，结束了从县城到乡步行七八天的历史；1999 年建成简易公路，结束了我国最后一个民族地区不通公路的历史；2014 年打通了高黎贡山独龙江隧道，结束了独龙族群众半年大雪封山的历史，实现了由"天堑阻隔"到"致富大道"的历史性转变。脱贫攻坚以来，交通设施的变化为怒江州各族群众打开幸福门。2019 年，怒江美丽公路全线建成通车，惠及沿线 30 多万名群众。怒江、澜沧江两岸 36 座"溜索改桥"和新建的 137 座跨江大桥让"出门溜索"的日子一去不复返。畅通的县乡村道路，全面解决群众的出行难题，使千百年来几乎与世隔绝的怒江州各族群众看到外面世界的精彩。公路畅通后，农民外出打工的多了，上学、就医更方便，特别是草果、中草药等产业都发展起来了。福贡县亚坪村位于怒江沿岸海拔 1700 多米的山坡上，村支书肯尼海感慨地说："感谢共产党、感恩总书记，是国家的政策好，把路修到家门口。以前出行十分不便，外出赶集要两天才能回来，建筑材料搬上山要 5 倍价钱，每年都有不少人因为急症得不到救治，现在半个小时就下山，上学就医都方便"，"15 年前村里的产业没有市场认可，山里的蘑菇、中草药卖不上价钱，人均收入不足 2000 元。现在仅草果产业就可户均增收 8000 元，家家户户乐开怀"。道路建设，既搬除了山高谷深对贫困地区和贫困农民的空间阻隔，更打通了他们脱贫致富的康庄大道，不仅方便了出行，更是搭建了"救命路、产业路和致富路"。

第六节　强化教育扶贫

一、扎实推进义务教育控辍保学

教育扶贫是深度贫困地区"拔穷根"的关键，是最精准、最有效、最直接的扶贫方式。怒江州将"义务教育有保障"作为脱贫攻坚工作的重中之重、首要任务，州党政主要领导亲自安排部署、亲自督战，成立了州教育扶贫工作领导小组，州委、州政府先后下发了《怒江州义务教育"控辍保学"实施意见》《怒江州坚决打赢"控辍保学"攻坚战行动方案》《怒江州"控辍保学"追责问责办法》《关于建立长效机制持续抓好"控辍保学"工作的通知》《关于进一步办好学前教育确保实现普及普惠目标的通知》等系列文件，把实现县域义务教育均衡发展和通过国家督导评估作为脱贫摘帽的主要标准，把义务教育巩固率作为脱贫攻坚的主要指标进行考核，压实教育扶贫工作责任，全力推进教育脱贫攻坚工作。通过建立"控辍保学"机制、加大投入全面改善办学条件、加强乡村教师队伍建设、完善贫困学生资助体系等，全面落实

14年免费义务教育政策，加快健全教育公共服务体系，为保障人人有学上、上好学、好上学奠定了坚实基础。

一是改善办学条件，推进义务教育均等化。怒江州全面加强教育基础设施建设，优化学校布局，改善办学条件。扩大学前教育资源，把"一乡一幼、一村一园"打造成怒江教育亮点。大力实施"改薄工程"，2018—2020年，全州共安排资金投入近9亿元，新建、改扩建中小学校140所，用于新建校舍、运动场以及附属设施及设备购置等。全州全面实施义务教育专用网络建设，实现信息化全覆盖。2016—2019年，累计投入资金14516万元用于教育信息技术设备、教学仪器装备、音体美器材、图书建设等，实现了万兆主干、千兆到校、百兆到班。统筹做好易地扶贫搬迁教育资源配置。2016—2020年，全州累计安排资金8.4亿多元，用于新建、改扩建中小学、幼儿园36所，解决搬迁学生就学问题。

二是创新"控辍保学"机制，确保不让一个适龄孩子辍学失学。全州各县（市）均出台了控辍保学实施方案，全面实施控辍保学"双线四级"责任制和"六长"负责制，从县委、县政府、教育三条线建立县委、县政府统筹领导，乡（镇）、部门具体推进，村（居）委会、学校分头落实，人民群众积极配合的四级联动机制。同时，组织各级各部门和驻村扶贫工作队员进村入户，开展立体式宣传、拉网式排查。如福贡县坚持"减存量，控增量"的工作原则，实施"1名统筹领导＋1名挂联帮扶责任人＋1名包保教师"的"N对1"劝返机制，先后组建控辍保学"特战队""党员突击队""巾帼突击队""园丁突击队"，全面开展"背包上山、牵手返校"劝返复学行动。首创"官告民"机制，对经过督促教育仍不送子女入学的家长或其他监护人，由政府提起诉讼，依法强制其履行义务，依法依规开展控辍保学。创新普职教育融合班，针对学生失学辍学尤其是初中学生失学辍学突出的问题，根据特困学生基础差、底子薄、语言不通、不愿入学、难以融入的特点，福贡县委县政府对这部分学生采取集中安置，投入资金800万元，将县委党校进行升级改造，作为集中安置办学点，用义务教育和职业技能教育相结合的模式，开办普职教育融合班，确保初中学生完成义务教育，全县没有一个因贫辍失学生，走出了一条控辍保学的"新路子"。

三是全面落实资助全覆盖，确保不让一个学生因贫辍学失学。怒江州严格落实国家和云南省关于贫困地区的学生资助政策，建立了从学前到大学的学生资助体系，实现了"学前教育、义务教育、普通高中、中职教育、高等教育等学段全覆盖，公办、民办全覆盖，建档立卡贫困户学生全覆盖"的"三个全覆盖"，从制度上保障了不让一个学生因家庭经济困难而失学。落实好"两免一补"政策。对14年义务教育阶段贫困家庭学生免费提供教科书，免除杂费，对寄宿生给予生活费补助。在此基础上，各县级财政还实行生活费补助政策。如福贡县对学前2年的在园幼儿按照每生每年2200元的标准补助保育教育费，对建档立卡贫困户在园幼儿按照年人均1000元的标准给予生活补助；对普通高中在校生按每人每年450元的标准补助教科书费，按每人每年1200元的标准补助学费，按每人每年160元的标准补助住宿费。同时，按照每生每年3000元的标准对建档立卡贫困高中生补助生活费。全州各县（市）教育局协同乡（镇）政府、团县委、县妇联，建立贫困大学生信息数据库，积极争取外部支持，实现贫困大学生救助全覆盖。如福贡县出台了《农村贫困大学生资助资金管理办法（试行）》，对2016年至2019年考入全国公办全日制普通高等院校一本、二本专业的福贡籍农村贫困大学生在大学本科期间予以全额学费和每月800元生活费的资助。贡山县建立"一中心（贡山县资助管理中心）四平台（民政、扶贫、团委、妇联等资助平台）"资助体系，实现从学前到大学阶段全覆盖资助，积极争取各类捐资助学资金，为贫困学生上学托底。通过精准施策、精准管理、精准资助、精准发放，做到应助尽助，确保贫困学生不因贫失学辍学，有效阻断贫困代际传递。

专栏四

听从时代召唤办好普职融合班

教育扶贫是脱贫攻坚的重要组成部分，确保深度贫困地区建档立卡贫困户中有职业教育需求的学生能够接受中高等职业教育，更多的建档立卡贫困户中的劳动力能够接受职业技能培训，保障辍失学学生学有所教学有所成，实现稳定就业，

带动贫困家庭脱贫。切实抓好中职教育，确保适龄少年一个都不能少地接受教育，福贡县委、县政府高度重视义务教育工作，围绕"找得到、劝得回、留得住、学得好"，狠抓控辍保学。针对部分失学时间长、年龄大、无法随班就读的特困学生，福贡县与云南冶金高级技工学校签订合作办学协议，统筹基本文化知识教育与职业技能教育双融合，开办"普职教育融合班"。

统筹有力，确保"进得来"

福贡县委、县政府结合当前实际、政策和措施研究决定，学生采取集中安置。县委政府统筹安排，下定决心投入资金 264 万元，

将县委党校进行提升改造，作为集中安置办学点。

保障有力，确保"稳得住"

在每人每日 12 元生活补助，营养餐每人每月 80 元等教育惠民政策的基础上，再免费提供铺盖、校服、洗漱用具。同时免费提供一日三餐，实现每餐一荤两素一汤的伙食标准。对学生采取"N 对 1"责任包保措施，实现"1 名县处级领导 +1 名挂联帮扶责任人 +1 名包保教师"的"N 对 1"包保机制。此外，加大力度提升学校管理水平和办学质量，丰富校园文化生活和各类课余活动，吸引学生的学习积极性。

管理有力，确保"能发展"

普职教育融合班在教学管理上双发力，用心用情用力帮助和教育学生，加强人文关怀、注重心理疏导，强化规矩意识和纪律意识。常规管理注重规范学生日常行为、培养基本生活习惯，常怀感恩之心、常怀感激之情，让学生懂规矩、会感恩、勤劳动、乐学习，扣好人生第一粒扣子。

协调有力，确保"有安全"

县委、县政府统筹资源，在学校设立警务室，安排民警 24 小时值班护卫，选派具有丰富管理经验的校长担任融合班负责人，建立了宿舍管理员制度，实行教师 24 小时宿舍值班制度。组织县公安局、县应急管理局、县消防大队等开展法治、消防、安全、卫生、用电用火、自然灾害避险等教育，增强学生安全意识，让学生在安全的环境中学习。

师资有力，确保"能教好"

从全县各学校抽调优秀教师 19 名，并由精通傈僳语的老师担任班主任，负责学生的日常管理与思想交流，强化学生心理疏导与纪律管理，保障学生的身心健康发展。

课程科学，确保"学得好"

在课程设置中，增加实用技术课程比重增强学生的实践能力，目前已建立智能机器人体验室、美容美发培训室、农村供电实训室、中餐烹饪操作台、摩托车维修车间、酒店服务与管理实训室开展实用技术培训；积极对接怒江州民族中等职业技术学校，争取获得大力支持，为普职融合班完善建立相关专业实训室，并派出专业教师开展课程教学培训。

组织实践，确保"能成长"

在易地搬迁点建立校外实训基地，为职业教育实践教学提供场所，学生到校外实习基地顶岗实习可以将课堂上的学习与工作中的学习结合起来，学生将理论知识应用于工作实践中，提高他们对知识的渴望，对技能的提升需求。加深对社会生活的认识，体会到与同事建立合作关系的重要性；使学生经受实际工作的锻炼，大大提高了他们的责任心和自我判断能力，变得更加成熟。

四是加强教师队伍建设，增强师资力量。为尽快提升教师队伍素质，怒江州多措并举，大力加强教师队伍建设，从州外选派优秀教师到怒江州中小学、幼儿园支教，从州内选派教师到州外跟岗学习。实施"国培计划"，累计培训教师6229人次。通过特岗招聘、人才引进、公开招聘、志愿者招募等多种方式，为教师队伍注入新鲜血液。"十三五"以来，全州共面向省内外招聘高中阶段紧缺学科教师140人，订单式培养免费师范生60人，招聘特岗教师500人，事业单位招考63人。

五是积极推进职业教育，解决"两后生"问题。中等职业教育既是巩固高中阶段教育的重要内容，也是提高贫困地区人口素质和劳动者技能，实现教育扶贫的重要手段。近年来，为解决初、高中毕业生未能继续升入大学或中专院校就读的"两后生"继续接受教育的问题，怒江州把加快发展职业教育作为教育扶贫的重要举措，开展中等职业教育农村全覆盖试点。实施中职教育"雨露计划"，并明确对符合条件的怒江州农村户籍学生，在落实国家免学费和助学金资助政策的基础上，每生每学年再给予 2500 元的生活补助。同时，加强与省内各技工院校的合作，与大理技师学院、云南技师学院等省内承担中职教育全覆盖试点任务的 28 所学校建立合作关系，支持怒江籍"两后生"入学。加强职业教育跨地区协作。2017 年，与广东省珠海技师学院开展职业教育合作，在 3 所高中学校开设了"珠海班"，明确"两后生"就读珠海市技工院校的优惠政策，实现百分之百推荐就业。对到珠海就读的建档立卡贫困家庭"两后生"，免除在珠海学习期间的学费、书费、住宿费等费用，并给予每年 6000 元的生活补助和每年 4 次往返合计 3200 元的交通补助；对非建档立卡贫困家庭"两后生"免除在珠海学习期间的学费、书费、住宿费等费用，并给予每年 3000 元的生活补助和每年 2 次往返合计 1600 元的交通补助。2015 年以来全州共有 4508 名"两后生"到省内外技工院校就读。

二、强化文明教育提升全民素质

单纯依靠外部"输血"扶贫，不能从根本上斩断穷根，只有增强"造血"功能，才能焕发生机和活力。怒江州先后选派扶贫工作队、"背包工作队"、扶贫暖心团、感恩宣讲团、文艺宣传队，入驻安置点，走近搬迁户，倡导自力更生、自强自立的价值导向，引导贫困群众摒弃"等靠要"的思想，摆脱思想贫困，树立主体意识，变苦熬为苦干。广泛开展每日文体、每周升旗、每月评比和每年培训"四项活动"，提高群众融入社会的能力，用身边的发展变化教育搬迁群众，让"感恩共产党、感谢总书记"的情怀根植人心，朝着"更好的日子"目标迈进。

一是积极开展"跟党走，感党恩"教育。把感恩教育作为提高群众内生动力的重要举措组建感恩宣讲团，用少数民族语言巡回开展宣讲活动。每周一例行开展"升国旗唱国歌"和"国旗下的讲话"活动，激发搬迁群众的内生动力。逐步推行每天上午8点播放《没有共产党就没有新中国》《社会主义好》《歌唱祖国》等爱国主义经典歌曲，晚间19点播放新闻联播，并结合实际采用傈汉双语等形式增加播放内容。组建文艺宣传队，每天开展文体活动。广泛组织开展家庭内务、"搬迁能手"等评比活动，每个安置点建设"暖心公益超市"，开展"积分兑换"，用参加公益活动的积分兑换商品。通过开展感恩教育，边疆各族人民群众深刻认识到在党中央和习近平总书记的坚强领导、关心关怀下，过去封闭、落后的怒江已成为幸福、美丽的怒江，发自内心感恩共产党、感谢总书记，听党话、感党恩、跟党走的信念更加坚定。

二是广泛推进普通话普及工作。怒江州认真贯彻落实教育部、国务院扶贫办、国家语委《推普脱贫攻坚行动计划（2018—2020年）》精神，切实发挥语言文字在脱贫攻坚中的助推作用。通过整合资源、使用"语言扶贫"App、集中培训、"小手拉大手、推普一起走"、结对帮扶等方式，扎实推进"直过民族"和人口较少民族推广普通话及素质提升各项工作。"十三五"以来完成了40596人的"直过民族"和人口较少民族群众普通话培训，创建了113个"普及普通话示范村"，四个县（市）均通过国家三类城市语言文字规范化达标验收。同时，实现了全州95所中小学、幼儿园的普通话校园语言达标，创建了13所省级语言文字规范化示范校、7所省级书写教育特色学校、40所州级语言文字规范化示范校。全州人民群众普通话水平大幅度提升，对外交往能力显著提高。

三是多形式开展农村文明素质提升行动。2016年以来，怒江州开展以"改陋习、讲文明、树新风"为主题的农村文明素质提升行动，印发了《中共怒江州委　怒江州人民政府关于实施农村文明素质提升行动的意见》（怒发〔2016〕23号）。《意见》以农村突出问题为导向，着力解决不文明、不健康的陈规陋习，在宣传教育引导群众、改善农村基础设施、推动农村移风易俗、易地扶贫搬迁安置、建立文明创建长效机制等方面，以村"十有"（文化长廊、篮球场、善行义举榜、图书室、文明讲堂、简易戏台、文化广播器材、体育健身器材、村小食堂、村志愿服务队）、农户"八有"（睡床、餐桌、橱柜、衣柜、电视、太阳能热水器、厕所、牲厩）建设为抓手，依托"挂包帮"长效扶贫机制，充分发挥群众主体作用，持续推动农村文明素质提升工作。在州级层面组建"怒江文明"微信大群，由乡镇、村组、社区定期发布乡风文明建设活动图文和视频，包括升旗仪式、国旗下讲话、文艺活动、宣讲活动、环境卫生治理、"十星级文明户"、"最美庭院"、"善行义举"评选等，在全州范围内实现横向纵向对比和互相借鉴学习。协调各级媒体持续深度报道乡风文明建设成效，借助新媒体受众多的优势，实现了推广复制"乡风文明建设怒江经验"。在全州已常态化开展乡风文明建设活动的村组和安置点建立群众工作微信群，通过群众自己在微信群中"每日一晒"，将"十星级文明户""最美庭院"创建成效发布到村组、乡镇微信群，负责管理的干部及时在线下走村入户实地指导，激发更多的群众发自内心认同乡风文明建设。通过走好网上群众路线，全州营造了"晒"文明创建成效的浓厚氛围，乡风文明建设不断深入人心。

四是重视传统民族文化传承。注重把中华优秀传统文化融入课堂教育、道德建设、文化创造和生产生活，不断完善民族文化特色课程建设，建立健全民族文化校外辅导员互动机制，大力开展"开学拜师礼"、射弩竞技、民族乐器制作、民族八套舞课间操等文化传承传播活动，在孩子们的心灵中从小播下爱国主义和民族团结的种子。大力实施"百名民族民间传统文化突出人才""百项少数民族文化精品"工程，重视培养非遗传承人和民族民间文化传承人，重视扶持民族文化与旅游、创意、休闲等融合发展的产业项目，连续28年举办乡级农村文艺会演活动，打造了《母亲河》《傈僳人》《独龙江·独龙人》等一大批脍炙人口的文化精品，"各美其美，美人之美，美美与共"的民族文化发展观已成为全州各族干部群众的共同价值追求。

三、强化人才培养增强发展实力

一是坚持一线培养锻炼干部人才。坚持"第一议题"制度。各级党委（党组）会议始终把学习贯彻习近平总书记重要讲话精神作为第一项会议议题，推进"两学一做"学习教育常态化制度化。扎实开展"不忘初心、牢记使命"主题教育。组织全州1870个党支部、32067名党员参加主题教育，确保中央和省委、州委部署落实到基层党支部，达到了理论学习有收获、思想政治受洗礼、干事创业敢担当、为民服务解难题、清正廉洁作表率的目标。深入推进"争当'有情怀有血性有担当'怒江脱贫攻坚干部"研讨实践，推动党员干部把思想认识升华到为人民谋幸福的崇高情怀、决战决胜脱贫攻坚的血性拼劲、功成必定有我的责任担当。持续开展"万名党员进党校"培训。坚持每年对基层党组织书记至少轮训一遍。持续开展"百名讲师上讲台、千堂党课下基层、万名党员进党校"工作，全覆盖轮训普通党员（含送教上门），2017年累计轮训102164人次。提升干部攻坚力。坚持每年分级举办扶贫干部培训班，2017年以来截至2020年11月，共举办培训班209期，累计培训47330人次。选派62名干部到中央国家机关，东部发达省市、省直和省内其他地州挂职锻炼。

二是多渠道提升专业人才。怒江州积极争取外来人才支持，全州共有外来帮扶干部、人才397名。选派5名专业技术人员参加"西部之光"访问学者研修，选派32名专业技术人才参加云南省基层人才对口培养。保山学院、楚雄师院先后派出200多名实习生到怒江各类学校实习，有效解决了怒江教师不足的问题。泸水市职业技术学校并入怒江州民族中等专业学校，成立滇西应用技术大学怒江学院，56所学校与珠海优质学校结对。

三是积极进行农民技能帮扶。州委、州政府深入贯彻落实习近平精准扶贫思想，按照"扶贫与扶志扶智相结合"的原则，强化农村科学技术普及，激发群众内生动力，结合实际出台了《怒江州"三区"科技人才工作方案》，细化了"三区"科技人才选派规定、服务制度以及管理考核办法；采取"1名科技特派员联系1个行政村、服务该行政村1家企业或合作社、指导1个产业发展、培养1批本土人才"的模式，强化科技特派员工作指向；加强科技特派员、村委会、经营主体、产业项目、人才培养五方联动，提高科技特派员服务质量和效益。开办"周三志智双扶"夜校班，开展技能技术培训，更多群众掌握了一技之长，思想观念逐步从"要我发展"向"我要发展"大转变。在67个集中安置点中设立52个就业创业服务站（点），安排工作人员257人，先后组织开展能力素质提升培训2.54万人次，累计实现转移就业4.8万人，安置点劳动力家庭达到户均1.85人就业。

第七节　强化生态保护

一直以来，怒江州十分重视生态文明建设，把生态保护摆在突出位置，通过各族人民持之以恒地坚持生态优先、不搞开发、保护环境，使怒江的蓝天、碧水、青山成为一张亮丽的生态名片。

一、坚持生态先行理念

千百年来，怒江州各族人民与自然和谐共生，良好的生态哺育怒江各族儿女，怒江州作为我国西南部重要的生态屏障，实施生态扶贫具有突出重要作用。

一是加大生态保护政策支撑。国家和省都十分重视怒江州的生态扶贫工作，国务院扶贫办、国家林草局规财司联合印发了《云南省怒江傈僳族自治州林业生态脱贫攻坚区行动方案（2018—2020年）》，省林草局印发了《怒江州林业生态脱贫攻坚区行动方案任务分工方案》，加强了对怒江州的顶层指导。2018年以来，全州共投入林业扶贫资金15.39亿元，提前完成林业扶贫各项目标任务。

二是开展生态保护脱贫。怒江州共落实生态扶贫资金 9.22 亿元，完成新增生态公益林补偿面积 202.21 万亩，聘用生态护林员 31045 人，培训生态护林员 3.24 万人次，完成退耕还林还草（陡坡地生态治理）4.35 万亩，实施怒江沿岸竹产业生态修复 0.1 万亩，组建生态扶贫专业合作社 188 个，安装太阳能热水器 0.4 万套，实施以电代柴 0.6 万套，实现了在保护和修复生态中助推脱贫。

三是推进生态治理脱贫。"十三五"期间，怒江州共完成营造林 70.1 万亩。新一轮退耕还林还草工程启动以来，共实施新一轮退耕还林还草 60.57 万亩，陡坡地生态治理 4.5 万亩，补助资金 86733 万元，涉及农户 6.97 万户 24.02 万人，其中贫困人口 3.13 万户 11.33 万人，做到有退耕意愿的贫困户"应纳尽纳，应退尽退"，补助期内贫困户可获得现金补助 3.43 亿元，户均 11434 元，人均 3177 元，切实增加了贫困群众转移性收入。

二、深入践行"两山"理论

党的十八大以来，随着脱贫攻坚战略的实施，怒江州结合实际，提出坚持增绿与增收、生态与生计并重，让地理劣势变为资源优势，让绿水青山助力脱贫攻坚，努力在一个战场打赢脱贫攻坚和生态保护两场战役。

一是加强生态保护与脱贫攻坚的融合。州委、州政府先后出台了《关于在脱贫攻坚中保护好绿水青山的决定》《怒江州林业生态脱贫攻坚区行动方案》。通过群众搬迁下山，生态修复上山，让原居住地生态脆弱区得以休养生息。实施"以电代柴"项目，培育群众健康文明的生活方式和绿色生活理念。组织贫困人口参与推进怒江、澜沧江两岸生态修复治理。扎实推进"怒江花谷"生态建设，把退耕还林、陡坡地生态治理、产业扶贫等有机结合。怒江州采取多种有效措施，在脱贫攻坚中保护生态。

二是大力实施生态产业扶贫。依托怒江州资源优势，积极打造以核桃、漆树为主的木本油料产业，以花椒、草果为代表的绿色香料产业，以重楼、云黄连等为主的林下产业。共落实林业产业扶贫资金6.17亿元，完成15个产业项目，建设产业基地53.20万亩。"怒江州98%以上的土地是高山峡谷，这是发展的劣势，但拥有着78.08%的森林覆盖率和良好的自然资源，这恰恰成为发展生态经济的优势，利用生态资源实施生态扶贫是怒江脱贫攻坚必然的选择。"怒江州林业和草原局党组书记、局长吕超说："2019年底，全州农民人均林业收入近3000元，占到了农民人均可支配收入的40%以上。"怒江州通过保护绿水青山筑牢金山银山之基，实现生态保护与脱贫攻坚的共赢。

三是抓好生态科技扶贫。"十三五"期间，州林草局共实施2个中央财政林业科技推广示范项目、2个省级林业科技推广项目，投入资金300万元。开展林业干部科技培训17期，培训干部0.16万人次。组织农村劳动力技能培训769期，受益群众6.20万人次，其中建档立卡人口4.70万人次。安排"三区"科技服务人才71人，服务了38个村、21个合作社、12家企业。建成了50人的林业乡土专家人才库，为乡村林业发展储备人才。积极参加"三下乡"活动、知识产权宣传周、科技活动周等科普系列活动，向社会群众、企业、林农广泛宣传和普及林草科技知识，免费发放科普知识图书资料1.9万余册。

三、在保护中探索发展

怒江州始终坚持在保护中发展、在发展中脱贫的理念，探索了实施生态补偿护绿增收、开展生态修复造绿增收、发展生态产业借绿增收"三条路"，有效实现了"绿水青山"转化为"金山银山"。

在实施生态补偿方面，怒江州把生态护林员作为实施生态扶贫的重要抓手，将有劳动能力的建档立卡贫困人口就地选聘为生态护林员，参加森林、草原、湿地等自然资源管护，增加贫困人口收入。例如，独龙江乡迪政当村独龙族群众李玉花2016年被选聘为国家第一批生态护林员，在管护好森林的前提下，她带头发展林下草果、中草药、中蜂等种养业，全家5口人均纯收入从 2016 年的 2447 元增加到 2019 年的 10175 元，实现了"一人护林，全家脱贫"。

在生态修复方面，通过退耕还林还草、陡坡地生态治理、"怒江花谷"生态建设、"治伤疤、保生态、防返贫"生态建设巩固脱贫成果行动等重点生态工程，不断加强贫困地区生态修复治理，提高贫困人口的参与度，把生态修复的过程变为贫困群众增收的过程。泸水市付益脱贫攻坚造林扶贫专业合作社承担实施陡坡地生态治理、核桃提质增效项目 370 余万元，其中带动建档立卡贫困户劳务收入 21 万元。

在发展生态产业上，依托资源优势，怒江州全面打造以核桃、漆树为主的木本油料产业，以花椒、草果为代表的绿色香料产业，以重楼、蘑菇等为主的林下产业。目前，全州已形成近 380 万亩生态产业，其中，木本油料林种植面积达 267 万亩，草果、重楼等林下产业 126.76 万亩，贫困群众增收致富的"绿色银行"已初步建成。"四山夹三江"的莽莽群山变成"金山银山"，成为贫困群众增收致富的幸福"靠山"。随着脱贫攻坚的深入推进，道路交通和基础设施不断完善，怒江的峡谷风景逐步揭开了神秘面纱，大山内的贫困村变成了生态村、宜居村、旅游村，实现了"绿色青山"变"金山银山"。

专栏五

生态扶贫绿了山坡富了百姓

云南省怒江傈僳族自治州福贡县依靠山地资源优势，支持贫困群众成立生态扶贫合作社，截至目前，福贡县共组建运营生态扶贫专业合作社 28 家，入社社员 2622 人，注册品牌商标 4 个，产业涵盖林果、林药、林菜等，带动 6387 人实现务工收入 1558.5 万元。围绕脱贫攻坚目标任务，坚持"扶智＋扶志"，引导贫困户摒弃"等靠要"思想，变"要我脱贫"为"我要脱贫"。

建立生态扶贫合作社后，农户一边到合作社种植基地务工，一边学技术，做好草果、茶叶生产管理，一年有 4 万元左右的收入。合作社带领村民在清沟山坡种植草果、核桃、花椒、茶叶，好多荒山荒地都绿起来了，村民务工有了好去处，增收的路子也逐渐多了。福贡县组织林业技术团队，开展专业技术、业务培训，加强合作社日常管理服务、促进规范运营。同时，引导合作社依照市场需求，结合资源优势，相互帮助、联合运作，积极探索林下套种中药材模式，发展秋月梨、突尼斯软籽石榴、沃柑等经果林木，打造有市场竞争力的品牌，以多种经营模式提高土地产出效益，带动山区群众依靠特色生态产业脱贫致富。

马吉乡鑫禾生态扶贫专业合作社，将自己和其他生态扶贫专业合作社生产的农、林产品通过"吉鑫禾""天赐怒江"两个商标品牌，依托"扶贫 832 平台"、教育部 E 帮扶、农行扶贫商城三个线上平台，有效破解了合作社所生产商品因没商标、没品牌不能实现线上销售的困境。目前生态扶贫专业合作社已经注册自主品牌商标 4 个，并推出以滇黄精为拳头产品的系列林副产品，产品远销沿海地区。各生态扶贫专业合作社自主产业基地建设已达到 1 千亩以上，涵盖林果、林药、林菜等多个林产业，并逐步开始产生经济效益；合作社农、林产品加工厂建设 4 个，目前已经建成并运营一个，实现福贡县林副产品加工"零"的突破；合作社动员社员林下养殖鹅、驴、鸡等多种畜禽养殖，逐步转向多种经营；投资建设生态农庄两个，跨出了森林生态旅游的第一步，展现林业多元化经济齐头并进的态势。目前共有价值 180

万元的农、林产品通过线上销售走出怒江。通过大力支持生态扶贫专业合作社，发展草果、核桃、茶叶、滇黄精等特色产业，走出了一条既要青山绿水也要金山银山的生态发展产业之路。

第八节　强化社会扶贫大格局

脱贫攻坚以来，20多家中央和省级机关、企事业单位定点挂钩帮扶怒江州25个贫困村，珠海市对口帮扶怒江州，推动怒江州形成专项扶贫、行业扶贫、社会扶贫"三位一体"的大扶贫格局，为怒江州脱贫打牢地基。

一、东西部扶贫协作

怒江州委、州政府始终高度重视东西部扶贫协作工作，把此项工作作为重要的政治任务来抓，深入对接，不断完善协作机制，不断健全与珠海市定期交流互访机制，主要领导多次赴珠海市开展交流、对接座谈，通报工作情况、交换意见、凝聚共识。一是与珠海市签订劳务协作协议，制定《珠海市扶持怒江州开展劳务输出和贫困劳动力转移就业脱贫的奖励办法》，建立对口帮扶县区及用工企业定期交流互访机制，在珠海设立劳务服务工作站，形成了包括资金扶持、合作培训和干部培训等内容的协作体系。二是聚焦"精准输转"，引导供需精准对接，突出针对性，力求实效性，在广泛对接用工企业的基础上，挑选符合贫困群众就业意愿的企业，着力促进贫困劳动力就业。充分发挥劳务协作"帮一人就业，助一户脱贫"的巨大作用，让贫困群众真正从劳务协作中受益。三是充分发挥作用，统筹谋划工作推进格局，积极动员和凝聚多方力量广泛参与，用活现场招聘会、劳务经纪人、中介机构、返乡务工人员等力量，探索组建劳务经纪人队伍，采用优秀外出务工人员现场发动等新形式，形成了"政府引导、中介帮带、个人参与"的良好局面。

二、中央和省级定点扶贫

怒江州积极抓住中央和省级定点扶贫机遇，通过资金支撑、技术培训、人才输送等方式让怒江州"既鼓了钱袋，又富了脑袋"，为全面脱贫后的可持续发展奠定内生动力。如怒江州税务局通过积极组织开展天麻、白及、核桃、草果种植，母牛、阿克鸡、中蜂养殖以及建筑、烹饪、卫生健康等农村实用技术培训，提升贫困群众的知识技能，共组织培训 16 期，参训 827 人次。通过与村"两委"和致富带头人共同商定符合联系点实际的产业项目，推动建立资金项目跟着贫困户走、贫困户跟着合作社走、合作社跟着帮扶企业走、帮扶企业跟着市场走的"四跟进"模式，在扶贫联系点开展怒江野生天麻、核桃、草果种植及中蜂养殖、生态鸡养殖，用"集体经济"促进扶贫联系点群众脱贫致富，形成产、供、销一体化产业服务。

三、集团精准帮扶人口较少民族

近年来，怒江州与中交集团、大唐集团、云南能投集团等主动对接，建立帮扶机制，对怒族、独龙族等少数民族进行精准帮扶，通过集团的资金投入、就业带动、市场对接等方式拓宽脱贫发展路径。如云南省能源投资集团有限公司大力支持怒江脱贫攻坚和产业扶贫等各项工作，每年向怒江州捐赠扶贫资金 2000 万元，助力怒江州推动易地扶贫搬迁、产业扶贫、教育扶贫、健康扶贫等各项工作，围绕脱贫攻坚、大滇西旅游环线建设、特色产业发展、基础设施建设等重点，进一步拓展合作发展新空间，深化各领域合作，助推怒江州打赢深度贫困脱贫攻坚战和推动高质量跨越式发展。

第四章　脱贫攻坚的伟大成就：怒江实效

　　党的十八大以来，在党中央、国务院和云南省委省政府的坚强领导下，在国家有关部委的大力支持下，在社会各界的广泛帮扶下，在全州干部群众的共同努力下，怒江州紧紧围绕"两不愁三保障"目标要求，按照精准扶贫精准脱贫方略，凝心聚力、攻坚克难，培育和弘扬了"怒江缺条件，但不缺精神、不缺斗志"的怒江脱贫攻坚精神，实现了怒江州经济增速排名从靠后垫底到稳居前列、贫困群众从穷窝穷业到安居乐业、交通基础设施从闭塞难行到四通八达、人民生活从温饱不足到迈向全面小康、生态环境保护从粗放治理到可持续发展、社会民生从相对滞后到全面进步、干群内生动力从等靠思想到主动干事、党建工作从动能不足到攻坚堡垒的巨大跨越，创造了"怒江每天都在变化、每时都在进步"的脱贫成效。

第一节　区域性整体性绝对贫困全面解决

　　脱贫攻坚让怒江州发生了翻天覆地的历史性巨变，实现了从区域性深度贫困到整体脱贫的历史"蝶变"，广大人民群众的获得感、幸福感、安全感得到前所未有的提升。2020 年 5 月 17 日贡山县退出贫困县序列，11 月 13 日云南省人民政府批准怒江州的泸水市、福贡县和兰坪县退出贫困县，至此怒江州四县（市）彻底解决了千百年来的绝对贫困问题。

一、贫困人口全部脱贫

脱贫攻坚战打响以来，社会大众和怒江州的干部群众付出了巨大努力，如期实现了怒江州贫困群众"两不愁三保障"目标。全州建档立卡贫困人口从 2014 年的 26.78 万人减少到 2019 年底的 4.43 万人，同期贫困发生率从 56.24％下降到 10.09％。到 2020 年 11 月，经过动态监测和第三方实地评估检查，全州贫困地区"两不愁三保障"突出问题全面消除，剩余 4.43 万建档立卡贫困人口、80 个贫困村、3 个贫困县全部达到脱贫退出标准。通过各项措施，实现了贫困群众户户有增收项目、人人有脱贫门路，"不愁吃不愁穿"全面解决。全州脱贫攻坚任务全面如期完成，树立了高质量打赢脱贫攻坚战的典型。

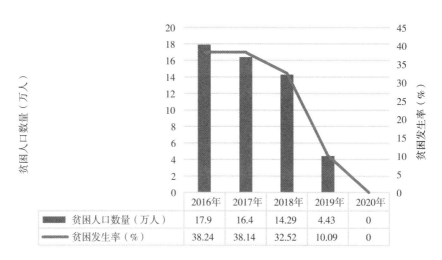

	2016年	2017年	2018年	2019年	2020年
贫困人口数量（万人）	17.9	16.4	14.29	4.43	0
贫困发生率（％）	38.24	38.14	32.52	10.09	0

图 1 怒江州贫困人口和贫困发生率变化

资料来源：怒江州扶贫办。

二、贫困县全部摘帽

贡山县是怒江州最偏远的县，一直是国家级贫困县，属于"三区三州"的深度贫困县，全县 26 个行政村都是贫困村，2014 年该县贫困发生率高达 61.6%。经过各方努力，到 2019 年贡山县的贫困发生率已降低至 0.54%，全县累计脱贫 6203 户 19492 人，26 个贫困村全部脱贫出列。2019 年 12 月，贡山县在怒江州四县（市）中率先实现脱贫摘帽。随后的近一年时间里，泸水市、福贡县和兰坪县不甘居后，积极推进易地扶贫搬迁、农村危房改造等各项帮扶措施，并经过县级申请、州市审核、省级核查和第三方实地评估检查、公示等程序，于 2020 年 11 月宣布脱贫摘帽。至此，怒江州全州四县（市）全面退出贫困县。

三、各民族整族脱贫

2018 年底，独龙族在全国 28 个人口较少民族里率先实现整族脱贫，彻

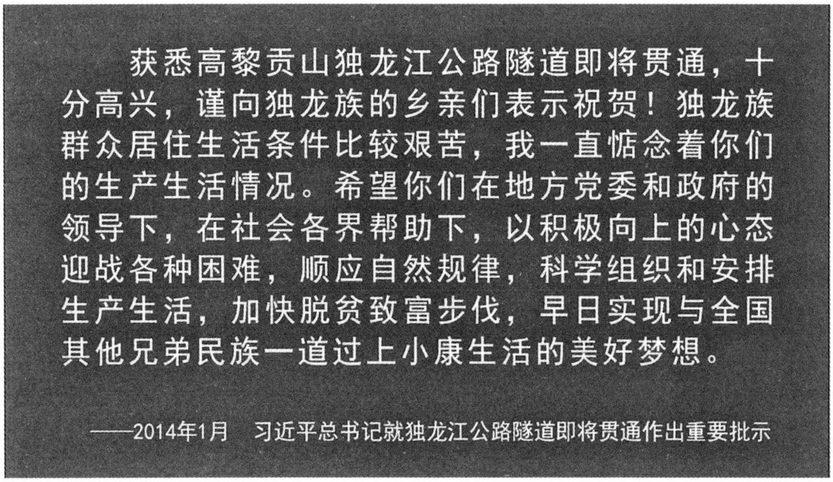

获悉高黎贡山独龙江公路隧道即将贯通，十分高兴，谨向独龙族的乡亲们表示祝贺！独龙族群众居住生活条件比较艰苦，我一直惦念着你们的生产生活情况。希望你们在地方党委和政府的领导下，在社会各界帮助下，以积极向上的心态迎战各种困难，顺应自然规律，科学组织和安排生产生活，加快脱贫致富步伐，早日实现与全国其他兄弟民族一道过上小康生活的美好梦想。

——2014年1月 习近平总书记就独龙江公路隧道即将贯通作出重要批示

图 2 2014 年元旦，习近平总书记亲切致信贡山县干部群众

资料来源：怒江州扶贫办。

底撕掉了贫困标签。独龙族人口约 7000 人，主要分布在怒江州贡山县独龙江乡。独龙族整族脱贫是我国脱贫史上的一项壮举，兑现了"全面实现小康，一个民族都不能少"的庄严承诺，向党中央和习近平总书记交出了合格的答卷，为其他人口较少民族整族脱贫树立了标杆。2019 年底，兰坪县的普米族实现整族脱贫。2020 年 11 月，随着泸水市、福贡县和兰坪县获得批准退出贫困县，怒族、傈僳族、白族等其他 20 余个少数民族全部实现整族脱贫。怒江州少数民族千年贫困难题终于得到历史性解决，"一步跨千年"的梦想成为现实。

第二节　农业生产方式实现历史性变革

打响脱贫攻坚战后，怒江州的农业实现了提档升级和转型发展，产业结构不断优化，经营模式持续创新，生产工具更新换代，发展方式转向生态绿色，荒山变绿、产业变强、钱袋子变鼓，实现生态保护与脱贫致富共赢。

一、产业结构深刻变革

怒江州通过实施一系列产业扶贫项目，因地制宜发展了草果、有机茶、羊肚菌、特色蔬菜水果、中药材、高黎贡山猪、黄牛、山羊、土鸡、中蜂等种养殖业，农业产业结构不断优化，逐渐从传统的玉米种植向峡谷特色生态农业转型，区域特色优势产业体系初具规模。截至 2019 年底，全州草果面积 111 万亩、水果面积 6.8 万亩、中药材面积 25 万亩、茶叶面积 4.13 万亩，中蜂养殖 8.05 万箱，比 2015 年都有不同程度的增长。全州大小牲畜出栏 75.7 万头只、存栏 93.65 万头只，家禽存栏 169 万羽，肉类总产量 4.06 万吨，禽蛋产量 5.32 万吨，肉蛋供给能力进一步提升。

表 5　怒江州特色农业产业发展情况

年份	草果		水果		中药材	茶叶	中蜂
	万亩	万吨	万亩	万吨	万亩	万亩	万箱
2015 年	65.8	1.7	5.9	1.87	13.4	2.06	3.14
2019 年	111	3.4	6.8	4.83	25	4.13	8.05
增加量	45.2	1.7	0.9	2.96	11.6	2.07	4.91

数据来源：怒江州农业农村局。

　　打赢脱贫攻坚战的过程实际上也是怒江州培育区域特色产业的过程，这场战争的胜利同时也使得怒江州的主要农产品供给不断增加，实现了禽蛋自给有余，猪肉、水产品和蔬菜自给率逐年提高。特别是草果产业快速发展，怒江草果已成为我国草果的核心产区和云南省最大的草果种植区。2019年怒江州草果发展到 111 万亩，带动了泸水市、福贡县和贡山县 21 个乡镇116 个村 4.31 万户农户，受益群众达 16.5 万人，覆盖 16.5 万贫困群众受益，成为带动力最强、辐射面最广、贡献率最大的支柱产业，在怒江人民反贫困史上书写下浓墨重彩的一笔。福贡县更是把草果作为"一县一业"的支柱产业，全县草果种植 56 万亩，覆盖建档立卡贫困人口 1.2 万余户 5.08 万余人，占全县建档立卡总人口的 73%，户均收入约 0.8 万元，成为边疆稳定、百姓脱贫致富的"金果果"。

专栏六

小草果释放大能量　数万群众脱贫致富

　　十多年前，怒江州的草果是农户零星种植，并不成规模。脱贫攻坚以来，州里选准了草果产业作为扶贫支柱产业，制定了规划，

县、乡、村、组层层细化目标、落实任务，给农户免费提供苗种，鼓励连片种植，千方百计扩大草果种植面积。

为改变农户单家独户种植的"小、散、弱"状态，怒江州培育和引进草果龙头企业，发展壮大农民合作社，动员干部能人带头，发挥村党支部引领作用，探索出了"企业＋基地＋贫困户""党支部＋合作社＋贫困户"等多种经营模式。农户和新型经营主体构建起订单合作、土地租赁、劳务联结等紧密型利益联结机制。

怒江州还深耕草果精深加工，不断延伸产业链条，实现了鲜草果就近加工，开发了草果食品、草果宴、草果香料等，将草果叶、草果秆编织成手工艺品，实现"变废为宝"，让贫困户从产业链各环节中分享收益。红彤彤的小草果成为百姓脱贫的"金果果"。

二、经营模式深刻变革

新型农业经营主体是推动贫困地区乡村振兴的重要载体，也是带动贫困人口脱贫致富的重要引擎。怒江州多措并举促进新型农业经营主体发展。截至 2020 年 10 月，全州有省级龙头企业 9 个，州级龙头企业 59 个，农产品加工企业（包含个体户）910 户，运行良好的专业合作社 1412 家（其中国家级示范社 4 家，省级示范社 27 家，州级示范社 47 家），家庭农场 44 家。参与产业扶贫的各类新型农业经营主体 987 个，新型经营主体带动全州建档立卡户 6.56 万户 25.69 万人，覆盖率 100%。

随着各类农业经营主体的培育壮大，贫困群众等小农户逐渐与现代农业发展有机衔接，农户和经营主体之间的利益联结机制更加完善，怒江州探索出了多种益贫带贫作用明显的经营模式。例如，兰坪县探索"产业链＋资金链＋服务链＋利益链"四链融合的共同发展新模式，成立了县级产业融资平台公司，择优遴选446家新型经营主体为产业帮扶企业，推广股份合作、订单帮扶、就业务工、生产托管、资产租赁等有效模式。泸水市、福贡县、贡山县等地通过采用"党支部＋公司＋合作社＋贫困户＋基地""公司＋村集体经济组织＋贫困户""合作社＋贫困户＋保险"等多种形式组建农业产业合作联盟，企业带合作社、合作社带大户、大户带搬迁户。围绕要素合作，引导贫困户以"土地流转""代耕代种""代管代收"等方式参与农业发展，重点推行了"委托共管、投资收益、入股分红、以奖代补、资产租赁"5种产业扶贫模式，有效激活了贫困户的土地、劳力、资产等要素，带动贫困户获取持续稳定的要素收益。

三、生产工具深刻变化

怒江州的脱贫攻坚战给农业生产带来了巨大变革，较为直观的改变当属农业生产工具的变化。在脱贫攻坚以前，老百姓种玉米种庄稼时不是用锄头，而是用两根棍子，一根用于保持平衡，另一根在地上扎眼，然后把玉米籽直接丢到"地眼"里，这样的生产劳作使人有滑下山的危险，所以每年种庄稼收庄稼都有人摔死。正因如此，怒江州流行着"种地像攀岩"的说法。原来的运输工具比较简陋，如背板、背篓，农产品运输靠人背马驮，例如草果运输就是这样。但脱贫攻坚战打响后，草果运输逐渐有了专用索道，有的村庄甚至建起了以电力或柴油机牵动的运输索道，既降低了草果运输成本，又降低了群众肩挑背扛的安全风险。

科技的力量是巨大的，开展脱贫攻坚后，怒江州的科技赋能效应日渐凸显。以草果产业为例，2016年，怒江州批准成立草果产业发展研究所，安排专业技术人员专项从事草果生产科技示范推广，从培育优选种苗、种养管护、采摘加工等技术环节入手，广泛开展草果种植、管理技术培训，强化培训固"底板"，破解了劳动缺技能和产业提质增效的难题。此外，还联合中国热科院等多家院所高校攻关，重点围绕怒江草果品种选育、种植模式改进、草果品质分析化验、草果产品深加工、草果病虫害种类鉴定、绿色防控技术措施推广等方面开展研究，合作开展提质增效、深加工、品牌打造等技术攻关等，力争到 2022 年，实现全州草果种植面积 130 万亩、年产值达 18 亿元以上，实现小产业大收益的目标，助推全州脱贫攻坚和乡村振兴。

科技力量实现了变废为宝。例如，福贡县每年产生老草果秆约 1 万吨，该县引进四川道明竹编和新繁棕编公司，在易地扶贫搬迁安置点建成草果秆编织扶贫车间，利用以往的废品老草果秆编织出精美的草果手工艺品，打造出草果手工艺品牌。通过电商平台营销等方式多渠道打通市场、打开市场，实现草果秆"变废为宝"，在增加种植群众经济收入的同时，也使安置点的搬迁群众实现了吃住在楼上、务工在楼下，在扶贫车间就近就业，在家门口就获得一份相对稳定的收入。草果蔬菜、叶鞘工艺品编织、手工皂制作、精油、香水、面膜、果酱、糕点、混合香料等产品研发有力推进，已开发出 50 种"怒江草果宴"菜品。

四、发展方式深刻变革

在脱贫攻坚实践中，怒江州将产业扶贫与生态建设有机结合，在一个战场打赢两场战役，绿水青山逐渐变成金山银山。通过深入实施生态扶贫，各族群众告别了"靠山吃山"、陡坡耕作、毁林开荒等落后的农耕生存方式，养成了健康文明的现代生活方式。全州共聘用生态护林员 30643 人参与森林资源和生态环境管护，带动 3.06 万个贫困家庭 12.36 万贫困人口实现稳定增收，既有效解决了深度贫困山区群众就业无门、增收无路、脱贫乏力的突出问题，又加大了生态保护力度；组建 187 个生态扶贫专业合作社，实施"治伤疤、保生态、防返贫"生态建设巩固脱贫成果行动，带动 2.3 万名建档立卡贫困人口就近参与生态建设，既发展产业增加群众收入，又让怒江两岸、公路沿线可视范围的"大字报"得到有效修复。

　　泸水市洛本卓白族乡金满村党总支书记麻继成说，乡里组织搬迁群众将原住地的土地林地出租、流转或退耕还林，采取"合作社＋村党总支＋农户＋基地"模式，种植花椒、核桃、草果、香橼等经济作物。现在1000多亩花椒、1000多亩核桃、600多亩草果和300多亩香橼已经成了山上的"绿色银行"。他还说："村里今年准备再发展250亩香橼，香橼两年就能挂果，收益前景非常可观。"

　　各县市正走在吃生态"饭"的路上，泸水市鲁掌镇三河村依托丰富的动植物资源，发展观鸟旅游新产业，成立全州首个以观鸟、拍鸟、爱鸟、护鸟为主的三河村百鸟谷"旅游扶贫就业车间"，有接近万名游客慕名而来，直接或间接带动三河村建档立卡户83户315人脱贫，是怒江州"旅游＋生态＋扶贫"的成功试点。福贡县、贡山县群众通过发展农家乐、民宿客栈等，享受到了旅游发展带来的红利，巩固了脱贫成果。当前，贡山县被命名为国家级"绿水青山就是金山银山"实践创新基地，怒江州被授予第四批国家生态文明建设示范市县称号，绿水青山正逐渐成为各族群众致富奔小康的金山银山。

图3　福贡县匹河怒族乡老姆登村特色村寨和"150"民宿

资料来源：怒江州福贡县扶贫办。

第三节　基础设施实现历史性飞跃

怒江州的基础设施在脱贫攻坚前是无高速、无铁路、无机场、无航运、无管道的薄弱状况，但在开展脱贫攻坚后，可以说是实现了历史性飞跃，交通状况从"天堑阻隔"变成"四通八达"，人民群众从"穷窝穷业"转到"安居乐业"，一部手机更是跨越了千年的信息鸿沟。

一、交通设施实现质的飞跃

脱贫攻坚以来，怒江州路网结构不断完善，公路密度和等级显著提升，安全畅通能力大幅提高，农村路网体系持续完善，基本形成了商流、物流、

图4　兰坪县通用机场建成通航实现了怒江"飞天梦"

资料来源：怒江州扶贫办。

信息流、资金流"四流"融合发展大格局。2014 年，高黎贡山独龙江公路隧道贯通，结束了独龙族群众半年大雪封山的历史。2019 年，怒江美丽公路全线建成通车，惠及沿线 30 多万名群众，成为推动怒江发展的振兴之路。2019 年 12 月，兰坪丰华机场投入使用，实现了怒江人民千百年来的"飞天梦"，实现了怒江州综合交通运输"零"的突破。2020 年底，保山—泸水高速公路即将建成通车，结束了怒江州无高速公路的历史。怒江、澜沧江两岸 36 座"溜索改桥"和新建的 137 座跨江大桥让怒江人民过江靠溜索的日子一去不复返。

2016 年以来，全州实施完成建制村通畅工程、撤并建制村工程、"直过民族"自然村通畅工程、窄路基路面加宽工程、抵边自然村通畅工程、资源路旅游路产业路工程、50 户以上不搬迁自然村通畅工程等农村公路新改建

图 5　贡山县丙中洛镇秋那桶村人马驿道旁的三座桥

资料来源：课题调研组。

及安全生命防护工程，全面消除了县与县之间、乡镇之间、村与村之间的"断头路"。到 2019 年底，全州 29 个乡镇全部实现 100%通硬化路、100%通邮，100%通客；272 个建制村实现 100%通硬化路、100%通邮、100%通客车。目前，很多群众的家门口都停着摩托车、机动三轮车、小货车和轿车。畅通的县、乡、村、组道路，既全面解决了群众出行难问题，又成为惠及民生、绿色发展、脱贫致富、乡村振兴的强大"引擎"，使千百年来几乎与世隔绝的怒江州各族群众看到了外面世界的精彩，越来越多的村民走出大山，到县城、省城甚至沿海地区打工，踏上了脱贫致富之路。

二、住上安全稳固新楼房

截至 2020 年 6 月，怒江全州 8.7 万户建档立卡贫困户、低保户、农村分散供养特困人员、贫困残疾人家庭及其他无力改造危房户全部住上了安全稳固住房，10.2 万建档立卡贫困人口通过易地搬迁实现了生产生活方式的彻底转变，怒江新城、福贡新城、兰坪新城等一个个现代化新集镇拔地而起，大峡谷两岸一个个犹如珍珠般的特色小镇串成一道道别具特色的靓丽风景。"十三五"期间，怒江贫困群众住房条件得到了历史性的提升和改善，告别了昔日"竹篱为墙、柴扉为门、茅草为顶、千脚落地、上楼下圈、透风漏雨"

图 6　兰坪县兔峨乡果力村贫困户李金平家新旧房屋对比

资料来源：课题调研组。

的吊脚房、木草屋，实现了千百年来梦寐以求的"安居梦想"，往日破败萧条、满目疮痍的山村变成了今天充满生机、井然有序的美丽新农村。

过去怒江州绝大多数贫困群众居住在高山峻岭之上、峡谷缝隙之中，一方水土养不起一方人。近几年，怒江州建设了 67 个集中安置点，完成了怒江历史上最大规模的搬迁行动，全州 10 万多名贫困群众（约占州总人口的五分之一）搬出了大山，拎包住进窗明几净、家具家电齐全的新楼房，告别了茅草为顶、透风漏雨的篾笆房和木板房。傈僳族小伙友向福是福贡县石月亮乡依陆底易地扶贫搬迁安置点的村民，2019 年 2 月，全家从高山上老村子搬到山下怒江边的安置点，住进了新楼房，并在棒球制作车间打工。为表达心中的喜悦，友向福用民歌曲调创作了《棒球之歌》，歌中唱道："甜蜜甜蜜，甜蜜的棒球，想不到有甜蜜的日子……"现在，"楼上居住、楼下就业"成了许多搬迁群众新的生活方式，搬迁真正让贫困群众既挪了穷窝又断了穷根。

图 7　福贡县匹河怒族乡指挥田安置点和"微菜园"

资料来源：怒江州扶贫办。

三、饮水安全保障巩固提升

"十三五"期间，怒江州累计投入建设资金 7.18 亿元，持续巩固提升农村人口饮水安全保障水平，全州农村自来水普及率达到 94%，农村集中供水率达到 96%，农村人畜饮水水量、水质、用水方便程度和供水保证率全面达标。饮水安全巩固提升工程掀起了全州安全饮水建设的新跨越，全面架设输水管网，安装储水箱 5995 个，修建蓄水池 4601 个，安装配套水质消毒净化设备 1606 台，解决了 46.54 万人口的饮水困难问题。全面实施安全饮水"补短板"项目建设，做到了农村安全饮水有保障、全覆盖，受益人口 34.51 万人，其中覆盖建档立卡贫困户 27115 户 116595 人。围绕易地扶贫搬迁安置做好供水保障，做到安置选址与配水同步规划、同步设计提前建设，确保易地扶贫搬迁安置点供水稳定，全州共建设易地扶贫搬迁安置点供水水源工程 68 件，解决了 27049 户 102353 人的供水保障问题。另外，服务承诺、水费收缴、管护维修等制度日益健全，切实解决了农村饮水设施"重建设轻管理"问题，农村饮水工程建成后管理工作不断加强，发挥工程长期效益得到有效保障。例如，怒江州泸水市六库镇新寨村，大胆创新用水管理机制，组建农民用水合作社，彻底改变了群众吃水难用水难问题。

四、共享互联网发展成果

近年来，怒江州与外界互联互通能力不断增强，固定电话、移动电话、广播电视和宽带网络通信系统全覆盖，与世界实现"零距离"接触。一是广播电视服务设施建设扎实推进。全州城镇内实现有线电视全覆盖，农村地区实现广播电视直播卫星信号全覆盖，建成了从城镇到农村、有线无线与卫星、广播与电视、数字与模拟相结合的多层次、多功能的广播电视传输覆盖网络。二是网络通信设施建设取得显著成效。2019 年 7 月，怒江州 255 个行政村村委会所在地的学校、卫生室实现网络宽带全覆盖。2016 年至 2020

年 6 月期间，怒江州固定宽带家庭用户数从 5.84 万户上升至 12.77 万户，光纤入户用户数从 4.69 万户上升至 12 万户，数字电视用户数从 3.54 万户提升至 12 万户，移动手机用户数从 47 万户上升至 56.2 万户，贫困村宽带网络覆盖率从 44% 上升至 100%。三是互联网发展让直过民族共享了信息红利。2014 年 4 月独龙江乡成为云南省首个开通 4G 的少数民族乡镇，2019 年 5 月独龙江乡成为云南省第一个开通 5G 的乡镇，截至 2020 年 6 月独龙江乡共开通了 2 个 5G 基站，2020 年 7 月云南省第一个"卫星 +LTE"基站在独龙江乡建设开通。这意味着在光缆之外，独龙江乡可以使用卫星实现数据上网、视频、语音通话，有效保障了在自然灾害或其他紧急情况下独龙江乡与外界的信息互通。

五、农村人居环境显著改善

通过实施易地扶贫搬迁、农村危房改造，一幢幢富有民族特色的安居房拔地而起，群众从山头搬山脚，村民变市民，城镇化进程快速提升。村庄配套水、电、路、厨房、活动室、卫生室、篮球场、公厕和洗澡室等设施，一改"破、旧、脏、乱"的村庄形象。全州 67 个易地扶贫搬迁集中安置点配套设施通过新建、改扩建或就近依托周边原有设施的方式解决。截至 2020

图 8　搬离山上的千脚楼　住进安置点的电梯楼

资料来源：课题调研组。

年8月12日，全州搬迁安置点共建成幼儿园22所，小学8所，卫生室28所，村史馆20所，文化活动场所59个，公共卫生厕所70个，污水处理、垃圾清运设施设备73个。搬迁搬出了新观念、新思路，许多搬迁户都说："过去住在山坡上，出门是山路，住的'千脚楼'又矮又小，人畜混居，环境'脏乱差'，现在我们搬到新家，比原来住的好多了，现在不想回去了。"

通过旅游扶贫示范村和示范户项目建设，乡村人居环境得到进一步提升，一批生态美、环境美、人文美的村庄逐渐呈现在大众的视野中。独龙江乡荣获全国"森林文化小镇"称号，建成独具特色的边境旅游小集镇，成为怒江州第一个A级景区。福贡县老姆登村被评为中国最美村寨，贡山县秋那桶村入选全国第二批乡村旅游重点村名单，乡村旅游业态初步形成。农村生活环境显著改善，怒江州建立起环境卫生清扫长效机制，推行了乡村两级干部环境卫生包户联系制度，还开展了"周一环境卫生日"、家庭内务"每日一晒"、环境卫生"每月一评比"、"党员干部十大包户"包卫生等活动，群众的主体作用得到充分发挥，形成了"家家建设庭院，种树种花，改造翻新家园"的良好氛围。

第四节　公共服务实现历史性提升

脱贫攻坚以来，民生事业大幅改善，公共服务能力明显增强，社会保障体系日趋完善，人民群众关心的教育、医疗、养老、社保等热点难点问题得到历史性解决，边疆和谐稳定的局面持续巩固，各族群众的获得感、幸福感、安全感前所未有。

一、教育保障能力大幅提升

2016年以来，全州累计投入教育经费80亿元，全面改善了教育教学条件，新建和改扩建79所义务教育学校，实现教育信息化全覆盖，教职工人数和专业化水平大幅度提升，全面落实了 14 年免费教育，确保了全州青少年儿童没有一人因贫失学辍学。56 所学校与珠海优质学校结对，在怒江州民族中专开办了两个缅甸留学生班，怒江教育的对外开放取得实质性进步，控辍保学取得历史性成效。福贡县创造性地开办"普职融合班"，破解了部分适龄青少年因为"厌倦"学习而辍学的问题，让适龄青少年既学习理论又学习职业技能，走出了一条教育扶贫新路子。可以说，通过脱贫攻坚，怒江州学校实现了"五个最"目标，即最宽敞的地方、最安全的地方、最漂亮的地方、最文明的地方、最幸福的地方。

图 9　从简陋的学习环境到今天的现代化学习环境

资料来源：课题调研组。

随着怒江州办学条件的改善，各项发展指标大幅提升，人民群众的教育获得感切实增强。截至 2019 年底，怒江州学前教育三年毛入园率 74.43%，比 2015 年提高 38.15 个百分点；九年义务教育巩固率 90.78%，比 2015 年提高 24.96 个百分点；高中阶段毛入学率 73.35%，比 2015 年提高 27.15 个百分点。怒江州在校学生总数从 2015 年的 86344 人，增加到 2019 年的 102844 人，四年间净增加 16500 人，这是非常了不起的成就。此外，怒江州还探索形成了"立体式宣传、拉网式排查、一对一包保、官告民跟进、全方位提升"的义务教育阶段控辍保学定期监测机制。截至 2020 年 10 月，累计劝返失辍学学生 1975 人，控辍保学月报台账数据继续保持"动态清零"。

专栏七

首例因辍学引发的"官告民"案件

2017年在兰坪县啦井镇新建村公开审理云南首例因辍学引发的"官告民"案件，开创了依法控辍保学的先河。怒江州及时总结经验，制定了"应诉尽诉、快审快结、强化执行、注重效应"的工作思路，坚持从依法保障人民群众利益的高度推进控辍保学，把"官告民"作为"控辍保学"重要措施持续跟进。2018年以来，全州按照依法控辍"四个步骤"的要求，开展责令整改847次，劝返学生469人，通过行政处罚166次，劝返学生127人，提起"官告民"诉讼58起，劝返学生41人。通过典型案例推动依法控辍工作，使"官告民"案件起到一个案件影响一面、带动一片的作用，切实通过法律手段推动"控辍保学"工作。

二、医疗保障水平显著提高

2016年以来，怒江州累计投入近50亿元，围绕让贫困人口"看得起病、看得好病、看得上病、少生病"，精准施策，统筹推进，通过解决因病致贫与防止因病返贫一起抓，有效提升了医疗保障水平与基层服务能力，实现了基本医疗有保障，健康扶贫取得显著成效。

一是县乡村医疗机构全面达标。全州四县（市）人民医院均已完成二级医院创建，并达到二级医院的基本标准，床位数均在100张以上，每床至少配备0.88名卫生技术人员，并配齐与业务需求相适应的设施设备。全州29个乡镇，共有28个乡镇卫生院、3个社区卫生服务中心，已达到每个行政乡镇分别有 1 所政府举办的乡镇卫生院（或社区卫生服务中心）的标准，并按照"按需合理配置原则"，积极采购医疗设备并规范科室、床位设置。全州 255 个行政村，已实现每个行政村有 1 所标准化村卫生室的目标，设有诊断室、治疗室、公共卫生室、药房，配齐听诊器、体温计、血压计等医疗设备，共配备 638 名乡村医生，除新入职待培训注册人员外，全部取得《乡村医生执业证书》并完成执业注册。

二是基本医保和大病保险全覆盖。全州建档立卡贫困人口 100% 参加城乡居民基本医保和大病保险，全部纳入医疗救助保障范围，实现"先诊疗后付费"和"一站式、一单式"即时结报，住院治疗费用实际报销比例达 90.2%，较实施健康扶贫政策前提高约 20 个百分点，有效减轻了贫困人口"垫资跑腿"的负担，解决了群众"看不起病"的问题。

专栏八

健康扶贫为阿珍花点亮未来

2020 年 8 月的一天，福贡县的阿珍花感觉身体不舒服，来到怒江州人民医院就诊。经过漫长的等待，等来的却是晴天霹雳，她被确诊为宫颈鳞状细胞癌 Ia2 期。一个生活在大山中的傈僳族女人根本不知道这是一种什么病，只有无助和害怕。阿珍花是两个年幼孩子的妈妈，丈夫身体残疾，整个家都是靠她支撑。要如何渡过难关？怎么照顾孩子和丈夫？她脑子里乱成一团麻。

在阿珍花最艰难的时候，她想到了来自昆明市的前任驻村工作队队长龚霞。龚队长曾说过："有困难就来找工作队。"阿珍花联系了龚队长。下个周一龚队长就专门向单位请假，一大早带着阿珍花来到了云南省肿瘤医院。医院张红平主任针对检查结果制订了初步治疗计划，安慰阿珍花不要担心，说"医院会帮你把病治好的"。听到这样的话，阿珍花夫妇喜极而泣，长期以来压在心头的大石头终于放下了，他们不停地说着"感谢医生、感谢医生"。

9月6日，阿珍花经过4个小时的手术后，被平稳地推出手术室，手术很成功。10月19日，痊愈的阿珍花再一次来到怒江州人民医院，向帮助过她的医生献上锦旗。怒江州人民医院和吉娣医生为阿珍花办理了"特殊病"，以便阿珍花能够在后续检查中享受与住院病人同等比例的费用报销。阿珍花说："这次治疗总共需要27500元，我自己只出了2700元。"健康扶贫不仅仅是关切贫困家庭的健康，更重要的是为贫困家庭点亮了未来、托起了希望。

三是农村家庭医生签约服务为贫困人口健康提供坚实保障。怒江州将建档立卡贫困人口纳入家庭医生签约对象，对已确诊的原发性高血压、2型糖尿病、肺结核病、严重精神障碍患者，按照"签约一人、履约一人、做实一人"的要求，全部落实签约后的履约服务。截至6月底，全州家庭医生签约服务签约团队519个。全州建档立卡贫困人口共签约149749人，高血压、糖尿病、肺结核病、严重精神障碍等四类慢性病患者的履约率都超过99%，都保持在全省平均水平以上。

四是大病集中专项救治全面落实，重点疾病防治切实加强，居民健康教育素养进一步提升。截至2020年7月20日，全州（国家30种，云南36种）大病确诊病例数2626例，已入院或签约2611例，救治进展99.43%。全面开展18岁以上人群首诊测量血压工作，实行高血压、糖尿病患者登记报告制度，规范管理率达到70%，孕产妇、婴幼儿死亡率持续下降，人民群众健康水平不断上升。2018 年以来每月 19 日确定为全州"健康宣传日"，开展"健康宣传日"活动，共计开展义诊、专题讲座、宣传活动等 6661 场次，覆盖了全州所有村组，参加活动群众达 46.5 万人次。

三、社会保障体系不断完善

加强社会保障兜底，实施"8+1"社会救助体系，织牢社会兜底网，即扎实开展农村最低生活保障、特困人员供养、受灾人员救助、医疗救助、临时救助、教育救助、就业救助、住房救助以及社会力量参与等工作，将建档立卡贫困人口中符合社会救助条件的全部纳入政策保障范围，实现"应兜尽兜、应保尽保"。2017—2019 年累计投入兜底保障资金 2000 多万元，持续确保建档立卡贫困人口城乡居民基本养老保障应保尽保，参保率达到 100%。截至 2020 年 6 月底，全州建档立卡贫困人口 26.7 万人中纳入低保 8.4 万人，纳入特困人员供养 0.14 万人。其中，已脱贫 22.3 万人中纳入低保 6 万人，未脱贫 4.3 万人中纳入低保 2.4 万人。对兜底保障对象持续动态管理，通过全面排查建档立卡对象、农村低保对象、特困人员对象、残疾人员、重病患者、孤儿、边缘户等，确保了贫困人口"两不愁"问题得到稳定解决。

此外，怒江州不断提高保障标准，构建救助渐退机制。按照"确保脱贫攻坚期内农村最低生活保障标准不低于国家扶贫标准，同时也要从实际出发，避免增幅过高不可持续"的原则和要求，2020 年 5 月起，怒江州将农村低保保障标准从原来的每年 4200 元 / 人提高到 4560 元 / 人。对收入水平已超过扶贫标准但仍符合低保标准的对象，继续实施低保救助，做到"脱贫不脱保"。对于通过发展产业、实现就业等方式实现家庭收入超过农村低保标准的保障对象，在系统进行标注后可在 12 个月的过渡期内继续享受低保，"救助渐退"措施增强了保障对象就业和发展产业脱贫的稳定性。

第五节　城乡居民生活水平得到历史性提高

脱贫攻坚以来，怒江州全州生产总值、规模以上工业增加值、地方公共财政预算支出、城镇常住居民人均可支配收入、农村常住居民人均可支配收入等5项主要经济指标增速排位全省第一。区域经济发展更加协调，全州经济持续保持健康发展，数十万群众摆脱贫困、迈向幸福。

一、区域经济协调发展更加明显

脱贫攻坚以来，怒江州区域经济发展从非平衡发展向区域协调发展调整的步伐进一步加快，四个县市之间及跟外部地区的资源配置日益得到有效调节，政策引导和市场机制的双轮效应在怒江州的经济协调发展中更加凸显，产业空间布局不断优化，生产要素在区域间的流动与区域基础和发展定位更加契合，区域间的产业集聚形态逐渐形成，同时区域间的专业化分工加强但区域经济合作更加紧密和多元化。区域经济协调发展增强了怒江州的经济持续发展动力，2019年全州地区生产总值完成192.51亿元，比2014年增长92.28%。四县市的支柱产业日益明确，例如福贡县已成为以草果为主要支柱产业的"一县一业"典型代表。生态旅游业和高黎贡山猪、独龙牛、独龙鸡等特色畜禽养殖业成为贡山县的经济支撑。兰坪县的蔬菜、水果种植等已然成为特色产业。区域经济快速增长和协调发展在就业、社保、财政转移支付等方面为贫困人口大幅减少提供了保障。

二、农村居民收入水平显著提升

人民生活水平从温饱不足到全面小康，经历了从"苦日子"到"熬日子"再到"好日子"的巨变。全州农村常住居民人均可支配收入从2015年的4791元提升到2019年的7165元，年均增长10.6%，增速高于全省平均水平，比同期城镇常住居民人均可支配收入增速高 1.8 个百分点。就建档立卡户而言，2020 年家庭人均可支配收入 10878 元，比 2014 年增加了 8761元（未考虑价格变化），增加了 4.13 倍。从户均收入看，工资性收入和生产经营性收入贡献最大，建档立卡户的户均工资性收入从 2014 年的 925 元增加到 2020 年的 24605 元，增加了 23680 元，户均生产经营性收入从 2014 年的 3713 元增加到 2020 年的 12117 元，增加了 8404 元。独龙族群众仅在农村信用社的存款户均就超过了 1.5 万元，超过 80% 的家庭拥有了机动车。全州易地扶贫搬迁集中安置点共建成扶贫车间 50 个，搬迁群众"楼上居住、楼下就业"成了新的生活方式，搬迁户在家门口就能从事棒球、电子元器件、民族服饰等产品加工，既可以选择计件拿工资，又可以选择月工资制，月收入少的有 1500—2000 元，多的可达 4000—5000 元，实现了贫困人口"搬得出、稳得住、能致富"。

图 10 2014 年以来怒江州建档立卡贫困人口收入变化情况

数据来源：怒江州扶贫办。

三、城乡居民生活条件大幅改善

随着收入的增加，城乡居民吃穿不愁，消费能力不断增强，建新房的多了，买汽车的多了，脸上的笑容更灿烂了，日子越过越好。过去，群众缺衣少食、温饱不足、愁吃愁穿，就医上学难，生活十分贫苦。福贡县鹿马登乡亚坪村的肯里海书记说："村里耕地少，适合种玉米的地本就不多，脱贫攻坚以前，村里的地种玉米一般亩产量在200—300斤，9月份收玉米，吃到来年的5月份，六七月份就开始断粮断米，村里富一点的人家能一年到头吃上饱饭，多数人家有两三个月青黄不接。几乎年年需要乡里提供救济粮、返销粮。"村主任王路恒回忆20世纪90年代的情景，他说："六七月份家里青黄不接时，村里的桃子还没成熟，肚子饿得实在受不了，他们就在晚上偷偷爬到桃子树上摘还没长熟的桃子吃，到了第二天就拉肚子。"在打响脱贫攻坚战之前，群众吃不饱的现象仍旧普遍存在。但2016年以后，亚坪村发生

图11　脱贫攻坚推动怒江州各族人民迈向了幸福美满的新生活

资料来源：怒江州扶贫办。

了翻天覆地的变化，特别是产业结构调整后，村里有了上万亩的草果产业、茶产业，农民的口袋逐渐鼓起来了，再也不用愁吃不上饱饭的事，甚至能天天吃上肉。易地扶贫搬迁安置的贫困群众不管是安置在县城新区还是乡镇新区或中心村，生活条件都得到明显改善。例如，福贡县的县城新区安置点每天有体育比赛、每天有百姓大舞台文艺展演、每天有福贡小夜市，搬迁群众的生活一天比一天好，人气一天比一天旺，县城美丽夜景成为自媒体时代的"新宠"。

第六节 文明阶段实现历史性跨越

通过实施脱贫攻坚，怒江州群众的生产生活从刀耕火种到现代文明，住上了楼房，用上了卫生厕所，看上了电视，用上了手机，学会了开车，养成了良好的卫生习惯，过上了现代文明的生活，实现了从原始传统到现代文明、从火塘文化到厨房文化这两个千年跨越。

一、从原始传统到现代文明的社会发展阶段变化

新中国成立初期，怒江州 60% 的地区和人口从原始社会末期一步跨越千年进入社会主义社会。随着脱贫攻坚任务的完成，怒江州将从农耕文明进入城市文明。长期困扰农民群众的上学难、就医难、用电难、通信难等问题得到历史性解决，住进了安全稳固的安全房和家具家电齐全的新楼房，增强了与外部世界的沟通，养成了健康文明的现代生活方式，和全国人民一起走上了全面小康的康庄大道。独龙江峡谷已经走出 3 名博士研究生、2 名硕士研究生、29 名本科生，网购微商、移动支付已成为年轻一代独龙族的生活日常，跑运输、开挖机、办农家乐的技术能人、致富达人不断涌现。

随着生态扶贫的大力实施，怒江群众告别了"靠山吃山"、陡坡耕作、毁林开荒等传统的农耕生存方式，探索出了"绿水青山就是金山银山"的生

态文明发展道路。怒江的山更青了、水更绿了、天更蓝了，全州森林覆盖率达到 78.08%，居全省第二位。县城内废水、废气和废物综合利用率达到国家标准，道路主干道、主街区亮化设施全覆盖，"干净、宜居、特色"的美丽县城建设加快推进，人居环境明显改善。

近年来，怒江州生态文明建设创建工作取得新成效。成功创建 218 个省、州级生态村，创建 28 个省级生态文明乡（镇）、3 个省级生态文明示范县，贡山县被命名为国家级"绿水青山就是金山银山"实践创新基地。独龙江乡生态扶贫的生动实践入选由中央组织部牵头编选出版的"贯彻落实习近平新时代中国特色社会主义思想、在改革发展稳定中攻坚克难案例"丛书。"绿水青山"已成为怒江可持续发展的最大"靠山"。

二、从火塘文化到厨房文化的社会生活习惯变化

火塘文化历史悠久，底蕴深厚。从人类会使用火开始，就有火塘，火塘就是家庭的中心，是人们在家中取暖、照明、做饭、睡卧，乃至进行人际交往、聚会议事、祭祀神灵的重要场所。怒江州少数民族的老人是离不开火塘的，在火塘边上吃饭、唱歌、接待客人。但与此同时，火塘会产生灶灰，不利于身心健康。通过易地搬迁和住房改善，怒江群众用电磁炉、液化灶替代了柴火，他们养成了良好的环境卫生习惯，适应了现代厨房文化生活。

通过组织各类文化娱乐活动，怒江人民群众的活动中心也由火塘来到了文化广场。结合傈僳族阔时节、"刀山火海"旅游文化节，独龙族卡雀哇节，怒族仙女节，普米族"吾昔节"等，怒江州每年开展群众性文化活动 20 场，年服务群众 6.8 万人次，过去落后的社会面貌已经彻底得到转变。

独龙江巴坡村"走出火塘到广场"活动成为文化传承、文体活动载体。2018 年，为参加独龙江乡党委举办的庆祝中国共产党成立 97 周年文艺会演，党员人数达 93 人的巴坡村，举办参加乡级会演节目甄选比赛，各党支部每晚组织练习，在准备过程中群众约定俗成地形成了每星期三、星期六、星期

图 12 傈僳族群众的生活场景大变样

资料来源：课题调研组。

天集中在党群活动室排练，久而久之，群众形成了"穿民服、唱民歌、跳民舞"的"广场舞"习惯，在此基础上，独龙江乡党委不断完善活动开展，并在全乡推广。活动开展至今，激发了大批爱好文艺的青年自主创造音律、音乐，创造了《幸福不忘共产党》《草果之歌》两首在独龙江甚至靠近独龙江的缅甸独龙族居住地区非常受欢迎的歌曲，表达了独龙族人民永远跟党走的决心，增强了文化与时俱进的传承和发展。

第七节　干部群众的精神面貌实现历史性转变

通过脱贫攻坚，干部群众从安于现状到自强自信，精神面貌焕然一新，涌现出了一大批"有情怀有血性有担当"的怒江脱贫攻坚干部和自强不息、艰苦奋斗的脱贫致富带头人，干部群众发自内心地"感恩共产党、感谢总书记"。

一、干部队伍精气神更足能力更强

在脱贫攻坚主战场上，广大党员、干部勇挑使命、敢于担当，舍小家、顾大家，苦干实干、流汗拼搏，甚至流血牺牲。"怒江缺条件，但不缺精神、不缺斗志"的怒江脱贫攻坚精神和"苦干实干亲自干"的怒江脱贫攻坚作风蔚然成风，涌现出了一批"有情怀有血性有担当"的怒江脱贫攻坚干部，成为一笔巨大财富。

通过脱贫攻坚，各级干部得到了历练，提升了能力，转变了作风，增强了自信心，提振了精气神。学以致用能力、宣传政策能力、调查研究能力、解决问题能力、执行落实能力、工作创新能力等各方面能力得到全面提升，从过去的安于现状转变为现在的争创一流，从过去的按部就班转变为现在的敢想敢干。各级领导率先垂范，坚持每月驻村2天以上，深入最偏远的乡（镇）和贫困村调研。从州、县（市）机关抽调一半以上的干部驻村攻坚脱贫，选派县（市）委常委下沉乡（镇）担任第一书记，处级干部担任乡（镇）扶贫工作队大队长，科级以上优秀干部担任驻村第一书记，1.6万名干部持续开展挂联帮扶，建立起横向到边、纵向到底的责任体系，形成"工作到村、扶贫到户"的工作机制。

专栏九

挂牌督战"大决战"夺取脱贫攻坚胜利

怒江州从 2020 年 2 月起，对未脱贫的重点村，采取有力措施抓实挂牌督战作战，强化"决战意识"，压实责任"促担当"。

一是挂牌督战明责任。全州 35 名州级领导、58 名县（市）处级领导，对剩余贫困人口超过 500 人或贫困发生率超过 10% 的 57 个重点村实行挂牌督战，其余 198 个村也安排挂牌督战作战领导，实现全州 255 个行政村全覆盖；20 名州级领导对全州 19 个千人以上的易地扶贫搬迁集中安置点实行挂牌督战，按照"下沉作战、全面总攻"要求，州、县两级领导抓好挂联点的贫困退出、巩固提升工作。

二是交叉作战创新招。按照"全面挂牌、交叉作战"原则，县级作战领导在保持总体稳定，包干完成好作战任务的同时，每月用 3 至 5 天时间，到其他村开展经验交流、交叉作战，通过问题互查、方法互学、经验互鉴，进一步创新作战方式，提升作战能力。

三是下沉一线见成效。州、县干部职工深入村组、易地扶贫搬迁集中安置点开展新一轮全覆盖走访排查，对照贫困退出标准和程序，全面摸清建档立卡贫困户"两不愁三保障"达标情况，排查存在问题和风险隐患，逐村逐户分析研判、查找问题，边排查边整改、边排查边化解，发现一个解决一个。各乡（镇）、村对能解决的问题现场解决，对无力解决的问题，梳理汇总后由县市交办、州级督办，实现问题全部"清零"，如期达到贫困退出标准。

截至 6 月 10 日，全州 35 名州级领导和 84 名县处级领导深入挂联乡镇、挂牌督战村、易地扶贫搬迁集中安置点开展挂牌督战作战工作共计 1210 次 1556 天，一线发现问题、一线解决问题。

二、人民群众内生发展动力更强劲

在脱贫攻坚中，各族群众受到教育、熏陶和激励，在思想上、观念上、精神上实现了根本性转变，自强自立的社会新风正在形成。勤劳致富的多了，"等靠要"的少了，睡懒觉、喝酒的少了，学文化、学技能的多了，自我发展的内生动力增强了。自我脱贫意识不断增强，内生动力不断激发，安贫守贫的观念已转变为对美好生活的不懈追求和向往。

专栏十

从刀耕火种走上了产业兴旺奔小康的大道

孔明光是一位深居在高山峡谷中的独龙族农民，过去，他家一直延续着刀耕火种的生活方式，几亩旱地广种薄收，生活十分艰辛，家庭百般贫困。党的十八大以来，在党和政府的关怀和帮助下，孔明光尝试着改变思想观念，接受技术培训，开始种植草果。2017 年，对于他们一家来说是特别的一年，精心管护的 15 亩草果进入了结果期，收入达 2.5 万元；同年，他被选聘为生态护林员，享受着门口就业、山上工作的国家惠民政策，从此摘掉了建档立卡贫困户的帽子。现在，孔明光逐渐成长为当地的一名林业技术达人，养了 8 箱蜜蜂，种了 0.3 亩重楼，即将挂果的 60 亩草果是他致富奔小康的最大希望。

通过开办"周三志智双扶"夜校班，提供技能技术培训，更多群众掌握了一技之长，他们的思想观念逐步从"要我发展"向"我要发展"大转变。现在天一亮，群众就下地干活了。贡山县龙元村有个村民，有 20 多年的酒龄，可以说是独龙江酒鬼懒汉的代表，2019 年戒酒了，戒酒后他每天都奔波在草果地里。

群众外出务工意愿不断增强。2016 年至 2020 年 5 月，怒江全州实现农村劳动力转移就业 52 万人次，其中向珠海有组织转移 1.28 万人次。随着生产方式的改变，有工资性收入的建档立卡户由 2014 年的 8153 户增加到 2020 年的 29423 户，同期户均工资性收入从 925 元增加到 24605 元。独龙江乡献九当村一个叫金学峰的群众，在江苏务工，每个月收入就超过 1 万元。

三、乡村治理体系现代化基石更牢固

村庄社区是党在基层执政的基石。基础不牢，地动山摇。基层是社会和谐稳定的基础，党中央历来高度重视基层政权建设和治理工作。脱贫攻坚以来，怒江州的干部主动作为，投身脱贫事业，密切联系群众、服务群众，用实际行动向广大人民群众展现"人民公仆"的使命担当。群众跟干部的关系更加融洽，过去"干部干、群众看"的畸形风景绝迹了，换来的是干部群众齐心合力一同致富奔小康的美景。通过脱贫攻坚，干部和群众手牵手、心连心、心贴心，人与人之间的信任加强了，政府在群众中的公信力增强了，农村治理中的"刺头"减少了，治理农村由过去的干部独自去管转变为干部和群众共同去管，乡村基层治理由"单一管理"向"系统治理"转变，和谐的乡村社会环境筑牢了乡村治理体系和治理能力现代化的基石。

在脱贫攻坚战中，福贡县持续加强基层服务型党组织建设，充分发挥好基层团委、工会、妇联等党的群众组织的作用，及时了解群众的所思、所想、所困，深入开展党建带工建、带团建、带妇建的暖心服务活动，打通了服务群众的"最后一公里"。通过强化基层党建，实现了一把手带头攻坚，党员干部主动作为，全县干部精气神提振，作风有了全新转变，党员干部全面下沉、全面总攻，有力推进了抓党建促脱贫攻坚工作，实现了基层党建和脱贫攻坚"双推进"，使农村基层党组织的战斗堡垒更加坚固。

第八节　党与人民群众血肉联系呈现历史性增强

从群众追着干部跑，到干部进村入户帮助群众干，干部群众之间的血肉联系呈现历史性增强，怒江州各族群众精气神更足了，民心向党、人心思富，听党话、感党恩、跟党走的信念更加坚定不移。

一、感党恩

怒江州脱贫攻坚的每一个进步，都倾注着习近平总书记的亲切关怀。如果没有人民领袖的关怀厚爱，没有中国特色社会主义制度优势，没有各级各部门的关心，没有社会各界的帮助，怒江要完成决战脱贫攻坚、决胜全面小康的任务将是不可想象的事情。正是有以习近平同志为核心的党中央正确领导，有习近平总书记关于扶贫的重要论述的科学指引，有习近平总书记的关心关怀，怒江深度贫困千年难题才得以一举破解。

在怒江有一首很流行的民歌《独龙人民跟党走》，歌中唱道："高黎贡山高，没有共产党的恩情高；独龙江水长，没有共产党的恩情长"，饱含深情地表达了边疆各族人民由衷地感恩共产党、感谢总书记。巴坡村独龙族群众高礼生自发创作了歌曲《幸福不忘共产党》，各村群众争相传唱。71岁的邓扒松是福贡县石月亮乡左洛底村干么夺小组村民，2019年1月搬到依陆底安置点住上新房后，常常跟左邻右舍的群众说："党和国家对我们农村群众非常好，给我们房子，教我们打工，我们已经不用担心吃不饱、穿不暖、住不好的问题，我真的很感谢总书记这么关心我们，让我们能够过上这么好的日子。"

专栏十一

71岁的邓扒松老人盼望给习近平总书记发微信红包

2019年1月，71岁的福贡县石月亮乡左洛底村干么夺小组村民邓扒松搬到依陆底安置点，10月8日石月亮乡党委书记入户走访群众时，邓扒松在交流中问道："书记，你有没有（习近平）总书记的微信号，我想让我孙儿给总书记发一个红包，感谢他让我们住上了好房子，过上了幸福的好生活。"这些都是住上了新房的群众对幸福生活的心里话，他们由衷地感恩共产党、感谢总书记。

各级党员干部牢固树立以人民为中心的发展思想，时刻牢记党的宗旨，全心全意为人民服务，带领群众"改穷业、挪穷窝、拔穷根、脱穷境、换穷貌"，与群众"交朋友""结亲戚"，面对面心贴心地话家常、谋发展，用心用情帮助群众纾难解困，真心实意带领群众脱贫致富，用实际行动赢得了群众的口碑。

专栏十二

送别人民的好干部

兰坪县河西乡永兴村驻村第一书记杨义飞，驻村工作两年帮助村里谋划发展思路，情牵贫困群众和孤寡老小，走访贫困户看见老弱病残总是自掏腰包留下 100 元或 200 元钱。2017 年 5 月，杨义飞在冒雨回村途中发生交通意外殉职，全村上到 78 岁的老人、下到 4 岁的小孩听到消息后泪如雨下，纷纷请求参加其遗体告别仪式。永兴村党总支书记和江林代表全村参加杨义飞同志葬礼时泣不成声地说："阿飞，我的好兄弟，我的好队长，一路走好。"

"脱贫只是第一步，更好的日子还在后头"，这句话深深扎根在怒江州各族群众心中，怒江各族群众发自内心地感恩共产党、感谢总书记。

二、爱祖国爱社会主义

社会主义制度好，这是怒江州干部群众最真切的体会和感悟。正是得益于中央统筹的顶层设计和制度优势，来自四面八方的人力、物力、财力才能源源不断地向怒江聚集。比如，广东省珠海市、中央定点扶贫的中交集团倾囊相助，三峡集团、大唐集团等国有企业也从资金、技术、人才全方位给予帮扶。正是依靠"三位一体"大扶贫格局、"三区三州"脱贫攻坚政策，大量真金白银的投入、各方真情实意的帮扶。特别是以国务院扶贫开发领导小组备案同意的《云南省全力推进迪庆州怒江州深度贫困脱贫攻坚实施方案（2018—2020 年）》为总抓手，在云南省委、省政府实施独龙江乡整乡推进、独龙族整族帮扶的先行先试经验指引下，浇筑起了怒江摆脱贫困、迈入小康最坚强、最稳固的基座。

2020 年初，面对来势汹汹的新冠疫情，怒江州各族干部群众主动请战、勇挑重担，日均 3000 余人参与联防联控，多方筹集 162 吨蔬菜驰援咸宁、集中转运 5430 名外出务工人员助力复工复产，彰显了"你中有我，我中有你，谁也离不开谁"的休戚与共的强大凝聚力和向心力。

新时代农民讲习所成为基层干群情感沟通和政策宣传的重要载体。"自强、诚信、感恩"主题活动、每周一"升国旗唱国歌"活动、"万名党员进党校"活动，让"千里边疆同升国旗同唱国歌"成为常态，"感恩共产党、感谢总书记"的朴素情怀不断根植人心。怒江州共创建讲习所 1920 所，实现州、县（市）、乡（镇）、村、组五级讲习阵地全覆盖。怒江州新时代农民讲习所先后获得"云南省 2018 年脱贫攻坚扶贫先进集体""云南青年五四奖章""云南省学习贯彻习近平新时代中国特色社会主义思想示范基地"等称号，得到各级领导和群众的充分肯定和普遍认可。

三、固边疆护团结

脱贫攻坚以来，各族干部群众肩并肩、手挽手、心连心，共同绘就脱贫攻坚奔小康、生态文明增福祉、民族团结促和谐、产业转型谋发展的壮美峡谷新画卷。平安怒江建设深入推进，边疆和谐稳定局面持续巩固，2018 年度、2019 年度怒江州群众安全感满意度调查综合满意率连续两年排名云南省第 3 位。脱贫攻坚打造了一批边民生活有保障、发展有支撑、管理有秩序、守边有动力的抵边新村，确保了边民不流失、守边不弱化，边民全脱贫，实现了富边、美边、稳边、睦边，有效防止了境外敌对势力渗透和分裂活动等。

团结之花绚丽绽放，铸牢中华民族共同体意识的自信自觉不断强化。截至 2020 年，怒江州有 8 个单位、18 人分别被授予全国民族团结进步模范集体和个人，有 26 个单位、40 人分别被授予省级民族团结进步先进集体和个人，贡山县被命名为"第七批全国民族团结进步示范区（单位）"，兰坪县创建的全国民族团结进步示范县通过省级验收。先后涌现出"时代楷模"高德荣、"全国敬业奉献模范"邓前堆、"全国五一劳动奖章"获得者吉思妞、"最美支边人物"管延萍、"人民满意的公务员"彭鑫亮和"枫桥式派出所"独龙江边境派出所等一大批闪烁时代光芒的先进模范，多个示范村、示范社区获全国文明村、全国最美乡村、中国最美村镇"人文环境奖"等殊荣，引领新时代怒江民族团结进步创建工作创新发展。

第五章　闪耀亮点与深刻启示：怒江样本

第一节　怒江州脱贫攻坚的亮点

怒江州严格落实国家各方面的政策安排，同时因地制宜、不断创新，在伟大的脱贫攻坚实践中探索出了很多鲜活的首创性做法。根据实地调研情况，课题组将怒江州脱贫攻坚的亮点概括为七个方面：一是亲自实干铸就"怒江精神"，二是高位推动掌控攻坚进程，三是党建引领推动模式创新，四是易地搬迁跑出怒江速度，五是素质提升实现文明跨越，六是民族团结促进和谐发展，七是生态脱贫助力永续发展。

一、亲自实干铸就"怒江精神"

脱贫攻坚是全面建成小康社会的三大攻坚战之一。习近平总书记多次强调，"打赢脱贫攻坚战，不是轻轻松松一冲锋就能解决的"①。要打赢脱贫攻坚这场硬仗，特别是怒江州作为"三区三州"深度贫困地区的典型代表，打

---

① 中共中央文献研究室编：《习近平关于社会主义社会建设论述摘编》，中央文献出版社2017年版，第87页。

赢脱贫攻坚战，需要付出更加艰苦卓绝的努力，奋斗在一线的扶贫干部不仅要流汗、流血，甚至要牺牲生命。可以说这个伟大的时代赋予了广大党员干部光荣的使命，涌现出了许多感人至深的脱贫故事和可歌可泣的英雄人物，更为可贵的是在和平年代形成和树立了攻坚克难、求真务实、坚忍不拔、敢于担当的脱贫攻坚精神。在怒江州伟大的脱贫攻坚实践中，广大干部队伍始终保持"缺条件不缺精神不缺斗志"的昂扬气概，发扬"苦干实干亲自干"的工作作风，锻造"有情怀有血性有担当的优良品质"，铸牢"一个民族都不能少"的中华民族共同体意识，凝聚了脱贫攻坚的强大力量。

一是保持"缺条件不缺精神不缺斗志"的昂扬气概。"缺条件、不缺精神、不缺斗志"是脱贫攻坚"怒江"精神的核心，怒江州每位干部都可以脱口而出，而且为拥有这样的精神感到振奋和自豪，这样的标语在怒江的城乡也随处可见。在怒江"缺条件不缺精神不缺斗志"不仅仅是一句口号，而且深深地融入了干部的骨子里、血液里，形成了推动脱贫攻坚工作的强大精神力量。

怒江州山大沟深、交通闭塞、自然灾害频发、基础设施和公共服务落后、社会文明程度低，脱贫难度之大、脱贫任务之艰巨可想而知。建在陡坡上的房子随处可见，而且住房大多是"竹篱为墙、柴扉为门、茅草为顶、千脚落地、上楼下圈、透风漏雨"，危房改造面广、点多，任务十分艰巨，是怒江脱贫攻坚的"拦路虎""硬骨头"。为了贫困群众能够住有所居、遮风避雨，各级危改工作者翻山越岭、披荆斩棘、人背马驮，全面下沉驻村、蹲点、巡回指导，完成危改任务。易地搬迁是怒江州脱贫攻坚最主要的措施，也是涉及面最广、难度最大、最复杂的一项工作，解决了"一方水土养不起一方人"的问题。为顺利推进易地搬迁工作，怒江州开展了"百日攻坚"行动，组建了"背包工作队"，开展"背包上山、牵手进城"活动，背包队员不分男女、不讲任何条件、不讲任何困难、不讲任何借口，以贫困群众过上好日子为目标，与搬迁群众吃住在一起，做思想工作、搬迁下山。

独龙江乡曾经是怒江州最贫困、最落后的乡镇。怒江州从最难干的开始，坚持"弱鸟先飞"，开展"整乡推进、独龙族整族帮扶"，啃下最硬的骨头，率先在全国实现整族脱贫，为其他地区做出示范。"等不是办法、干才有出路"，正是怒江这种脱贫攻坚精神，激励和鼓舞着广大干部群众齐心协力、攻克难关，不断提高脱贫攻坚成色。

二是发扬"苦干实干亲自干"的工作作风。"苦干实干亲自干"的工作作风是脱贫攻坚精神的重要内容，是把脱贫攻坚任务落细落实的重要保障。习近平总书记指出："脱贫攻坚越往后，难度越大，越要压实责任、精准施策、过细工作。"[①] 怒江州这种求真务实的工作作风就是要让广大党员干部想在前、干在前，保持与群众的血肉联系，通过干部深入一线抓落实，解决脱贫攻坚难题。

怒江州建立了"挂帮包"制度，每一位干部都包联了几户贫困户，每个月都要到贫困户家中看望，了解他们面临的困难，排查"两不愁三保障"问题，领导干部带头到村到户抓工作落实。怒江州有一半以上的干部下沉脱贫攻坚一线，成立了驻村工作队、"背包工作队"、暖心团等，手把手地帮助贫困群众解决难题。为了让易地搬迁群众能够搬下来，走村住户，开展火塘夜话；为了让搬迁群众更好地适应新生活，教贫困群众刷牙洗脸、叠被做饭、用冲水马桶等，帮助他们养成良好的生活习惯。

草果产业是怒江州的脱贫主导产业，但在发展之初农民不敢种、不会种，都是村干部自己先种，种出来给农民看，手把手地教，经过十几年的发展，达到了现在的规模，成为农民脱贫致富的金果果。福贡县垭平村是草果种植大村，全村草果面积达到 2.5 万亩，村里的草果种植就是由老村支部书记带头发展，现在老村支部书记家里有草果 200 亩，年收入 40 多万元，不

---

① 中共中央文献研究室编：《习近平关于社会主义经济建设论述摘编》，中央文献出版社 2017 年版，第 240 页。

用说家家户户都种上了草果。现任村支部书记肯里海说:"要让农民转变思路,不能靠灌输,一两句话是说服不了的。要说给听、做给看、带着干,要亲自做给农民看才可以。"全村的人居环境整治也是从党员干部带头做起,从支部书记扫厕所开始,到逐步建立网格化的管理制度,人居环境有了较大的改善。为活跃乡村文化,乡里聘请了民族舞蹈老师来培训,但是村里人怕生、怕人,没有人来跳舞,就由村委会的干部带头跳,到党员跳,到全村人跟着跳,六七十岁的老人也跟着跳,一下就活跃了村里的文化氛围,跳舞成为村民娱乐健身最好的活动。

怒江州的干部群众坚信"幸福是奋斗出来的",通过"苦干实干亲自干"扎实的工作作风,带领贫困群众共同走上小康路。

三是锻造"有情怀有血性有担当"的优良品质。"有情怀有血性有担当"也是怒江脱贫攻坚精神的有机组成。脱贫攻坚是一场硬仗,需要广大党员干部知难而进、迎难而上、无私无畏、勇担使命,才能攻下深度贫困的堡垒。

情怀是事业的基础,广大怒江党员干部都怀揣着同贫困群众一同建成小康的梦想,时刻把贫困群众的福祉记在心上,把群众的满意度、获得感作为脱贫攻坚成败的唯一标准,紧紧盯住群众关心关注的就业、看病、上学、住房、养老、饮水等实际问题,着力解决群众的操心事、烦心事、揪心事,让各项政策措施和改革发展成果更好地惠及人民群众,用自己的付出换来群众的获得感、幸福感、安全感。福贡县的扶贫干部说:"再苦再累,只要看到贫困群众过上好日子,就是值得的。"有血性,是党性的本质体现,是不畏困难、不畏牺牲的进取精神、奋斗精神。怒江广大扶贫干部,"五加二""白加黑""一天不懈怠、一刻不放松"奋战在脱贫攻坚一线,不辞辛苦,舍小家为大家,用干部的辛苦指数换来贫困群众的幸福指数。怒江干部有情怀、有血性,更有担当精神,领导干部主动挑最重的担子、拣最难啃的骨头,解决最困难的问题。福贡县仅用了一年的时间就完成了县城易地扶贫搬迁点的建设、搬迁任务，现在搬迁点建设的像花园一样，在县城最好的位置建了最漂亮的房子，把不可能变成了可能。

脱贫攻坚战场就像"磨刀石"，让干部在急难险重的任务中增长才干、磨炼坚强的意志，改变了以前慢、散、拖的习惯，形成不讲理由、只讲做法，敢想敢做、敢闯敢拼的工作思路。

四是铸牢"一个民族都不能少"的中华民族共同体意识。作为我国涉边涉藏的少数民族聚居地，怒江州深入推进兴边富民工程，着力改善各民族的生产生活条件，坚持"各民族都是一家人，一家人都要过上好日子"的信念，各民族共同团结奋斗、共同繁荣发展，确保实现"全面实现小康，一个民族都不能少"。

贡山县独龙江乡是我国唯一的独龙族聚居地，由于历史和自然条件的制约，独龙江乡自然条件相当恶劣，是怒江州最贫困的地区。在高黎贡山隧道修通前，运输靠人背马驮，每年有半年大雪封山，生产生活条件十分艰苦。党中央、国务院一直十分关心独龙族人民的发展，在党中央和云南省委省政府的关心和支持下，从 2010 年开始，怒江州贡山县在独龙江乡实施了"整乡推进、整族帮扶"脱贫攻坚行动，完成了安居温饱、基础设施、产业发展、社会事业发展、素质提升等六大帮扶工程，独龙江乡面貌发生巨大变化。党的十八大以来，独龙江乡继续巩固，于 2018 年底实现所有贫困人口脱贫、贫困村出列，独龙族实现整族脱贫。以独龙族为标杆，探索了整族脱贫的路径，为其他民族整族脱贫做出示范。独龙江乡脱贫攻坚的成就，是在党的坚强领导下，边疆少数民族"一个都不能少"的生动写照。

二、高位推动掌控攻坚进程

一分部署，九分落实。打赢深度贫困脱贫攻坚战，关键在落实。习近平总书记指出："脱贫攻坚是一场必须打赢打好的硬仗，是我们党向全国人民作出的庄严承诺。……各级党政干部特别是一把手，必须增强政治担当和责任担当，以高度的历史使命感亲力亲为抓。"① 怒江州是全国深度贫困地区的典型代表，属于脱贫攻坚的艰中之艰、难中之难，习近平总书记给予了特殊的关心关怀，从省到州、县（市）、乡（镇）各级干部始终坚持高位推动，省委书记亲自踏勘徒步走进独龙江乡，省长亲自挂联怒江州、每个季度专题研究推动，州委、州政府主要领导勇担责任，每月定期研究推动，确保怒江州如期打赢脱贫攻坚战。

一是习近平总书记关心关怀。怒江州是习近平总书记一直牵挂、关心的地方。党的十八大以来，习近平总书记就怒江脱贫工作先后作出多次重要指示批示，特别是一次接见、两次回信、一次听取工作汇报，给予怒江各族人民无比的关怀和巨大的鼓舞。2019 年 4 月 10 日，习近平总书记给独龙江乡乡亲们回信，勉励乡亲们再接再厉、奋发图强，同心协力建设好家乡、守护好边疆，努力创造独龙族更加美好的明天。怒江州始终把传达好、学习好、宣传好、贯彻好习近平总书记重要回信精神作为最大的政治任务，结合"不忘初心、牢记使命"主题教育，广泛开展"感恩共产党、感谢总书记"等感恩教育，做到原原本本学、逐字逐句学。"脱贫只是第一步，更好的日子还在后头"等重要指示在怒江人人知晓明白，个个耳熟能详，真正把习近平总书记重要回信精神转化为全州各级党组织、广大干部群众推进脱贫攻坚的巨大热情和强大动力。正是有以习近平同志为核心的党中央正确领导、习近平总书记关于扶贫工作重要论述的科学指引、习近平总书记的亲切关怀，怒江深度贫困的千年难题才得以破解。

二是中央统筹帮扶。中央统筹是社会主义制度优越性的集中体现，是集中力量办大事的最好诠释。党中央、国务院出台了向"三区三州"倾斜的政策，国务院扶贫开发领导小组备案同意《云南省全力推动迪庆州怒江州深度贫困脱贫攻坚实施方案（2018—2020 年）》，加强中央对怒江州脱贫攻坚的

① 《习近平谈治国理政》第三卷，外文出版社 2020 年版，第 154 页。

支持和指导。珠海东西部协作、中央定点帮扶、集团帮扶等社会各种资源倾力相助。五年来，怒江州各级各类扶贫资金投入 330.58 亿元，其中 2019 年投入的扶贫资金比 2016 年翻两番。

三是省级领导季度调度。云南省委、省政府高度重视怒江州的脱贫攻坚，省级领导高位推动，由省长亲自挂联怒江州、亲自指导研究、亲自督战，每个季度召开 1 次省政府怒江州脱贫攻坚专题会，高位掌控脱贫攻坚实施进度。2014 年 11 月 4 日，时任省委副书记、省长陈豪到独龙江乡宣传党的十八届四中全会精神和调研扶贫开发工作，强调要牢记习近平总书记的嘱托，让独龙族过上更好的日子。2017 年 2 月 7 日，省委副书记、省长阮成发到独龙江乡调研时指出，怒江州干部群众在各级各界关心支持下，以改天换地的豪情壮志、"功成不必在我"的胸怀、久久为功的意志，艰苦奋斗，扎实推进精准扶贫精准脱贫，树立了独龙江乡这面"一步千年"跨越发展的旗帜。2017 年 8 月 9 日至 10 日，省委书记陈豪率调研组赴怒江傈僳族自治州调研深度贫困地区脱贫攻坚工作，再次强调要牢记习近平总书记的亲切关怀和殷殷嘱托，以脱贫攻坚统揽经济社会发展全局，自力更生、艰苦奋斗，用双手创造美好生活，坚决打赢脱贫攻坚战。

四是县乡干部高配。按照"市县抓落实"的工作机制要求，怒江州建立了"州有领导小组、县（市）有指挥部、乡（镇）有工作队长、村有工作队、户有帮扶人"的脱贫攻坚指挥作战体系和"按月调度、逐月通报、定期督战"的工作制度，坚持每月召开脱贫攻坚视频调度会，全面了解和督促落实脱贫攻坚进程。其中，州委、州政府主要领导担起脱贫攻坚第一责任人，每人挂联一个县（市），每月驻村 2 天以上，每月定期研究推进脱贫攻坚工作，其他州级领导每人挂联一个乡镇；县级领导每人挂联一个村，县委常委下沉乡镇担任第一书记；每年从州、县（市）机关和事业单位中抽调三分之一的干部下沉一线作战，选派处级干部担任乡镇扶贫工作队大队长，科级以上优秀干部担任驻村第一书记，1.44 万名干部挂联帮扶 6.9 万建档立卡贫困户。

在脱贫攻坚战场上，通过强化制度建设，为脱贫攻坚奠定了坚实的组织保障，广大党员干部苦干实干亲自干，舍小家为大家，为全面打赢脱贫攻坚战作出了巨大贡献。

三、党建引领推动模式创新

在坚决打赢深度贫困地区脱贫攻坚战、大力推进扶贫扶志工作中，怒江州强化党建引领，发扬基层首创精神，先后开展了"听党话、感党恩、跟党走""自强、诚信、感恩"等主题教育活动，探索出了众多"志智双扶"新模式。在习近平总书记回信精神和党中央的深切关怀激励之下，怒江州顺势而为，呼应基层群众心声，按照"全域有主题、户户挂照片、每周升国旗、天天喇叭响、村村有宣讲"的工作思路，在全州范围内深入开展以"感恩共产党、感谢总书记"为主题的感恩教育，促进美好朴素的感恩情怀内化于全州各族干部群众精神深处，激发出了强大的精神和斗志。

一是每周开展升国旗活动。将"千里边疆同升国旗同唱国歌"活动作为感恩教育的常态化抓手，每周一由基层党组织常态化组织群众开展升国旗仪式，培养有一定能力的村民开展国旗下讲话，让先进分子现身说法，通过讲发展变化、讲身边人事、讲美好未来，凝聚社会人心，凝聚发展共识。每周升国旗仪式之后，组织群众开展村寨环境卫生治理和家庭内务整理，进一步培养了群众的文明意识，提升了基层党组织群众工作能力和党群活动吸引力，同时也有效对冲了宗教活动及传统不良习气的活动空间。

升国旗活动，已成为基层干群情感沟通和政策宣传的重要载体。如驻村工作队和易地扶贫搬迁安置点社区管委会在每周组织群众开展升国旗仪式的基础上，经常性开展各类民情恳谈活动，宣传基层党建、脱贫攻坚、素质提升、乡村振兴、生态建设等方面的政策知识，乡风文明水平持续提升，边疆少数民族的中华民族共同体意识不断铸牢，对伟大祖国、中华民族、中华文化、中国共产党、中国特色社会主义的"五认同"不断巩固，"千里边疆同升国旗同唱国歌"形成常态，"感恩共产党、感谢总书记"的朴素情怀不断根植人心。通过长期训练，还带出了一批在村组中能说话、能做事、有威望的新乡贤，乡村自治、法治、德治水平持续提升。

二是开展每日一晒活动。通过群众自己在微信群中"每日一晒"，将"十星级文明户""最美庭院"等创建成效发布到村组、乡镇微信群，对家庭卫生做得好的家庭和个人进行大力宣传和弘扬。以此为基础，负责管理的干部及时在线下走村入户实地指导，激发更多的群众发自内心认同乡风文明建设。

在州级层面，怒江州组建了"怒江文明"微信大群，由乡镇、村组、社区定期发布乡风文明建设活动的图文和视频，包括升旗仪式、国旗下讲话、文艺活动、宣讲活动、环境卫生治理、"十星级文明户"、"最美庭院"、"善行义举"评选等，对积极性高且进步明显的村民，通过国旗下讲话鼓励、村民大会表扬、素质提升"积分兑换"发放小奖品表彰、张榜公布提升美誉度等形式，不断巩固群众向上向善向好的信心。州文明办及时收集整理和分析研判，做好群内表扬，基层干群在"晒"乡风文明建设成绩中晒出了自信，激发了持续开展活动的激情。此外，各村均组建了村民议事会、道德评议会、红白理事会，让基层党组织和德高望重的新乡贤在群众自治组织中发挥关键作用，全面推动村规民约执行，褒扬先进，帮助后进，将相关工作发布在村组公示栏，提升村规民约的影响力。按照长期培养基层自治人才的要求，抓实善行义举典型选树工作，并通过乡风文明建设现场推进会或观摩活动发布善行义举榜，让表现好的群众持续获得荣誉感，在乡土社会中营造向善行义举学习的文明乡风。

三是持续推进党支部规范化建设达标创建。怒江秉承"强化党建保障，支部引领促扶贫"的工作原则，充分激发农村党员先锋模范作用。马库村党支部被命名为"云南省党支部规范化建设示范党支部"，实现村干部全部由党员担任，基层党组织的战斗堡垒作用得到充分发挥。乡村治理成效明显，乡村文明建设不断加强，独龙江乡被命名为第六批全国民族团结进步创建示范区（单位），独龙族成为我国少数民族大家庭中首个"整乡建档、整族授信"的民族，独龙江边境派出所被命名为全国首批"枫桥式公安派出所"。

四、易地搬迁跑出怒江速度

山里进来难，山上生活苦，对于一方水土养不活一方人的情况，就需要通过实施易地搬迁，挪开阻挡脱贫的千年穷窝。根据住房状况摸底评估结果，怒江州 56 万总人口中有近 10 万贫困人口需要易地搬迁，占全州人口的五分之一、占建档贫困人口近四成，这是怒江州"挪穷窝、摘穷帽"的根本性措施。但易地搬迁是一项系统性工程，脱贫攻坚时间紧、任务重，不仅要能搬得出，还要能稳得住、能致富，既要做好程序性工作，也要做好暖人心的工作。开展脱贫攻坚以来，怒江州坚定不移地把推进易地扶贫搬迁工作作为第一民生工程和脱贫攻坚的"头号战役"，坚持挪穷窝与换穷业并举、安居与乐业并重，紧紧围绕"搬得出、稳得住、有就业、能致富"的目标，创新工作方式方法，组建"背包工作队""暖心团"，扎实有序推进全州易地扶贫搬迁工作，仅用一年多时间，建设了 67 个集中安置点、安置了近 10 万人，跑出了怒江速度，实现了贫困群众生活方式的历史性变迁。

一是组建"背包工作队"，开展"背包上山、牵手进城"攻坚行动。2020 年 2 月，根据怒江州委深度贫困"百日攻坚战"安排部署，通过个人报名请战、单位组织推荐形式，组建 15 支"背包工作队"开展"背包上山、牵手进城"攻坚行动，组织懂当地少数民族语言、有基层工作经历、能打硬仗的优秀干部进村入组入户，与搬迁群众开展院坝座谈、火塘夜话，全力宣传动员群众搬迁。短短两天时间就有 1500 多名干部递交了"请战书"，第三天就打起背包出发。截至 2020 年 5 月 9 日，推动全面完成全州 25133 户95859 人建档立卡群众易地扶贫搬迁任务，既展现了攻坚速度，也体现了干部的担当奉献。

在易地扶贫搬迁动员工作中，针对搬迁群众都是少数民族，特别是年纪大的一辈子都没下过山，觉得楼房小、住着不方便，"背包工作队"队员不仅要用民族语言交流，还得用图片或视频展示，甚至带他们去看新房、看学校、看医院；针对多数群众担心搬到城里没有土地耕种、没有技术打工、生活没有着落，队员就当着群众的面与有关部门对接技术培训、联系就业岗位，逐户逐人制定搬迁后续扶持措施；针对群众"意愿反复"，队员们就采取"磨盘战术"，一次不行去两次、两次不行去三次，一组不行换另外一组上，有时一个问题要解答几十遍，直至动员搬迁成功。福贡县子里甲乡俄科罗村搬迁对象和坡益，"背包工作队"队员先后5次到家里做工作；同时，搬迁的邓又加说："背包队刚来的时候，我们不给他们好脸色，有时候还躲着，现在想想真是后悔。"

在动员群众搬迁中，由于群众居住分散在不通公路的大山里，有的队员平均每天"步数"3万多步，驻扎进去就是十天半月，队员出村都是"油头垢面"；晚上跟群众聊得很晚，只能在群众家火塘边凑合过一夜，如果群众家中住不下，还得打着手电筒走夜路，回到村民小组活动室打地铺。在安置点动员群众外出务工时，往往吃饭时间或晚上才能找到群众，错过"饭点"成为常态，连续几顿只能吃方便面。福贡县公安局女民警波玉花，是架科底乡阿打村"背包工作队"第四组组长，阿打村垂直海拔落差大，村民分散居住在海拔1100米至2500米的山坡上，波玉花与7名组员每天都在爬山下山、再爬山再下山，每人每天都在3万步以上，完成动员搬迁78户357人任务时，队员们纷纷感慨："我们不是在啃骨头，我们是在啃钢板。"怒江州林草局干部李文周，2020年3月主动请缨参加易地扶贫搬迁"背包工作队"，与12名组员连续在村工作100天，出色完成146户动员搬迁任务；6月底回到单位稍作休整，再次参加劳务输出"背包工作队"。

二是组建"暖心团"，帮助搬迁群众融入城市新生活。围绕基本公共服务、培训就业、产业发展、宣传文化、基层党建和社区治理"五大体系"建设，在 67 个易地扶贫搬迁安置点组建"暖心团"开展各类暖心服务。扶贫暖心团，以社区"两委"党员干部、驻点工作队员为"班底"，充分发动党员、乡村能人、群众骨干、各级各类社会组织、经济组织和社会爱心人士参与，围绕"衣食住行、生老病死"，聚焦"特殊"群体，持续开展"暖心行动"，让搬迁群众真正享受到了现代文明的发展成果。2020 年 3 月组建以来，入户走访 10570 户贫困户，帮助搬迁群众解决"最急、最忧、最盼"的问题 349 个，动员搬迁群众就业 301 人，开展社区家庭环境卫生整治 300 次，组织 2294 户群众开展内务整理，为留守老人儿童提供爱心餐 1780 次、免费上门送餐服务 310 次，开办"扶志夜校"培训 22 班次，培训 3000 余群众学讲"普通话"、学过"新生活"，因需建设"暖心食堂"，解决外出务工家庭的"留守老人""留守儿童"吃饭问题。

为确保 10 万搬迁群众真正实现"搬得出、稳得住、能致富"，怒江州从细处着手，从小事做起，依托扶贫暖心团，组织开展了"十大暖心事"，积极引导搬迁群众由"村民"向"市民"转变，提高搬迁群众对新社区、城镇生活的认同感和归属感。如暖心小动物指引回家路，针对搬迁群众人口多、文化教育水平普遍不高等特征，结合群众饲养家禽家畜的习惯，创新性地把群众熟知的十二生肖，如老虎、猴子等贴画挂在了每栋大楼的显眼处，为搬迁群众指引回家路；打造"微菜园"稳下群众心，利用安置点周边闲置土地资源，打造搬迁点"微菜园"，解决搬迁群众蔬菜供需矛盾，降低日常支出生活成本，消除搬迁群众故土难离、农耕习惯等思想顾虑，助力搬迁群众掌握科学管理技术，转变思想观念，找到归属感；暖冬大行动温暖聚人心，制作双语版（汉语＋少数民族语）宣传短片《冬季保暖须知》，编印双语版《家居常识》《家居安全》等宣传海报，通过微信公众号、广播、电视、报纸等加大宣传，让搬迁群众温暖过冬；喜庆"过大年"传递幸福感，组织开展与搬迁群众过大年"八个一"系列活动，即一次全家福拍赠、一次入户送温暖、一桌"阔时"团圆饭、一次入户同劳动、一场民族语电影放映、一场"三下乡"慰问活动、一场文体活动和一场搬迁群众招聘会等，进一步密切党群干群关系，增强搬迁群众的获得感、幸福感；文化进社区新家有"乡味"，为各个安置点建设村史馆、戏台、休闲广场等文化活动场地，发动群众组建民族歌舞队，编排了一批接地气、贴近群众生活的优秀节目，丰富群众精神文化生活，确保新家有"乡味"；爱心小超市"兑"出新风尚，开办爱心公益超市，搬迁群众通过外出务工、产业发展、环境卫生、邻里团结、孝敬公婆、社会服务等活动获得"爱心超市"积分，"兑换"爱心公益超市商品，进一步激发贫困群众内生动力，引导贫困户摒弃"等靠要"的惰性思想，引领农村文明新风尚。

五、素质提升实现文明跨越

怒江州的贫困是素质性贫困，全州有 18 个乡镇从原始社会末期、奴隶社会初期直接过渡到社会主义社会，"直过区"人口占全州总人口的 62%，劳动者素质普遍偏低，大多缺乏专项技能，在建档立卡贫困户中文盲或半文盲人口占 32%，小学文化人口占 47.6%。开展脱贫攻坚以来，怒江州坚持以问题为导向，紧盯农村贫困群众内生动力不足的实际，大力实施以"改陋习、讲文明、树新风"为主题的农村文明素质提升行动，广泛开展乡风文明示范建设、感恩教育、新时代文明实践活动，"富脑袋"和"富口袋"脱贫措施齐头并进，农村文明素质持续提升。

一是通过广泛开展"小手牵大手，推普一起走"活动。依托学校，发挥中小学、幼儿园对社会和家庭的辐射带动作用，有效引导学生家长讲普通话。与此同时，组织党员干部下乡进村入户，手把手教、面对面讲、心对心谈，把现代生活方式带进每个贫困户，把普通话普及到每个贫困人口，把劳动和生活技能传授到每个劳动力，把现代文明根植到贫困群众心里。成功创建 113 个"普及普通话示范村"，完成 4 万人"直过民族"和人口较少民族群众普通话培训，四县（市）顺利完成国家三类城市语言文字规范化达标建设。

二是积极打造新时代农民讲习所，全面实施人口素质提升工程。2017年11月，怒江州在全省率先成立新时代农民讲习所，出台《中共怒江州委关于成立新时代农民讲习所的实施意见》，把新时代农民讲习所作为加强思想引领、脱贫攻坚政策宣讲，加强农民专业技能培训，培养新时代农民的重要平台，着力组织农民、培训农民、提高农民、富裕农民，工作成效显著，品牌效应凸显，探索走出了一条具有怒江特色的新时代农民讲习之路，为推进新时代文明实践中心建设奠定了坚实基础。推进"乡村能人"培养、"脱贫能手"竞赛，实施"巾帼脱贫行动""巧媳妇"工程，通过示范引领，带动广大群众依靠勤劳双手实现脱贫致富。开办"周三志智双扶"夜校班，开展技能技术培训，更多群众掌握了一技之长，思想观念逐步从"要我发展"向"我要发展"大转变。现在天一亮，群众就下地干活了，天天在家喝大酒、睡大觉的情况基本没有了。龙元村有个叫张自清的村民，有20多年的酒龄，可以说是独龙江酒鬼懒汉的代表，去年戒酒了，戒酒后他每天都奔波在草果地里。开展"走出家门学本领"务工宣传活动，一批独龙族群众逐步走出大山到外地务工。献九当村一个叫金学峰的群众，在江苏务工，每个月收入超过1万元。截至2020年10月，全州共计实现农村劳动力转移就业17.49万人（卡户劳动力10.38万人），就业率64.5%，卡户劳动力就业率74.15%。易地搬迁点劳动力转移就业4.26万人，就业率77.49%，其中卡户劳动力转移就业4.09万人，就业率80.06%。总体来看，全州已实现有劳动力的卡户家庭至少1人就业。

三是深入开展"农村文明素质提升工程"。将规范操办婚丧喜庆事宜纳入《村规民约》和《红白理事会章程》，构建邻里团结、家庭和美、互帮互助、共同发展的良好社会氛围。全面深化新时代新居民新生活行动，开展成人教育、文明礼仪、日常生活知识等教育培训，进一步提高群众整体素质，全面激发群众的内生动力。组织巾帼志愿队全力开展农村人居环境整治提

图 13　易地扶贫搬迁住房

资料来源：怒江州扶贫办。

升，聚焦家居内务管理提升"五净一规范"标准，制定印发《怒江州妇联"五净一规范"家居内务管理提升巾帼在行动工作推进方案》，扎实开展"七个一"活动，抓实"七个一批"的农村家庭环境卫生整治"美丽庭园"创建活动，开展以待人接物、家居整理、日常生活技能、个人卫生习惯、妇幼保健知识、文明礼仪、普通话、家风家教、民族歌舞等为内容的素质提升培训。深入开展"自强、诚信、感恩"主题教育活动，树立良好风气，推动搬迁群众转变思想观念，更新生活习惯和生产方式，适应新环境、融入新生活。

六、民族团结促进和谐发展

怒江州境内居住着傈僳、怒、普米、独龙等 20 多个少数民族，少数民族人口占总人口的 93.96%、是人口较少民族最多的自治州。开展脱贫攻坚以来，怒江州同步推进全国民族团结进步示范州创建工作，紧紧围绕铸牢中华民族共同体意识这一根本任务，各族干部群众像石榴籽一样紧紧抱在一起，共同团结奋斗、共同繁荣发展，呈现出各民族和睦相处、和衷共济、和谐发展的生动局面，实现了在一个战场打赢深度贫困地区脱贫攻坚战和创建全国民族团结进步示范州两场战役的奋斗目标。

一是因族施策，独龙族率先实现整族脱贫。针对部分少数民族极端落后情况，怒江州采取一个民族制定一个脱贫规划方案，实现一个民族有一个企业帮扶的举措。独龙族于 2019 年率先实现整族脱贫，落实了"全面建成小康社会，一个民族都不能少"的要求，实现了各民族团结互助、共同进步、和谐发展。国务院扶贫办调研组在深入独龙江乡调研后认为："独龙族率先实现整族脱贫，质量很高，向党中央和总书记交出了合格的答卷，为其他人口较少民族整族脱贫树立了标杆。"

二是聚集力量，齐心协力各民族团结奋进。党的十八大以来，怒江州先后修订完善《怒江傈僳族自治州自治条例》、《贡山独龙族怒族自治县自治条例》、《兰坪白族普米族自治县自治条例》和 9 个单行条例，把习近平总书记关于民族工作的重要论述和"铸牢中华民族共同体意识"写入自治条例，为汇聚民族团结力量提供法制支撑。在创建全国民族团结进步示范州过程中，怒江州充分发挥各级党委党组统揽全局、协调各方的领导核心作用，审议通过《关于在脱贫攻坚中推动全国民族团结进步示范州创建工作的决定》，研究制定《怒江州建设全国民族团结进步示范州规划（2016—2020 年)》和《怒江州创建民族团结进步示范州实施方案（2018—2020 年)》，成立由州委州政府主要领导分别担任组长和常务副组长、65 家州级单位主要负责同志为成员的州委民族团结进步示范州建设暨民族宗教工作领导小组，创新出台推动和保障全面深入持久开展民族团结进步创建工作的四级联创、高效联动、监督检查、氛围营造等工作机制，推行各级各部门党政"一把手"月度任务清单措施。

三是典型引路，发挥模范带动作用。怒江州始终坚持典型引路，示范引领，不断营造全民参与民族团结进步示范创建的良好社会氛围，把民族团结进步教育纳入国民教育、干部教育、社会教育全过程，将每年 8 月定为"怒江傈僳族自治州民族团结宣传月"，全面深入持久开展民族团结进步示范创建进机关、进企业、进社区、进乡镇、进学校、进宗教活动场所、进军(警)营、进口岸（边检）、进医院、进家庭等"十进"活动，充分挖掘红色文化，将片马抗英、滇西抗战、边疆人民心向党、"感恩共产党、感谢总书记"等红色基因赋予新的时代内涵和表现形式，推动创造性转化、创新性发展，使红色基因永葆活力、彰显影响力、传播正能量，成为激励全州各族干部群众不忘初心、牢记使命，坚定"中华民族一家亲、同心共筑中国梦"的精神支柱和行动指南。"像爱护自己的眼睛一样爱护民族团结，像珍视自己的生命一样珍视民族团结，像石榴籽那样紧紧抱在一起"①已深深融入怒江各族群众的血液和灵魂，"人人讲团结、个个争模范"成为怒江各族干部群众的行动自觉。

七、生态脱贫助力永续发展

习近平总书记指出，"生态兴则文明兴，生态衰则文明衰。生态环境是人类生存和发展的根基"②。以牺牲环境为代价的扶贫决不可取，要把生态环境保护放在更加突出的位置，像保护眼睛一样保护生态环境，像对待生命一样对待生态环境。怒江州生态环境良好，生态资源丰富，是全球三大生物多样性中心之一，被誉为"植物王国上的明珠"和"天然的植物基因库"，处处都是绿水青山。但与此同时，怒江州生态脆弱，滑坡、泥石流等灾害十分频繁。长期以来，怒江州干部群众在守护绿水青山的同时，也在积极探索如何念好"山字经"、唱活"林草戏"，反复思考如何将绿水青山变成金山银山。但是受各方面因素制约，怒江州一直没有找到恰当的发展方式和路径。开展脱贫攻坚以来，在习近平生态文明思想的指导下，在国家政策的大力支

---

① 中共中央文献研究室编：《习近平关于社会主义经济建设论述摘编》，中央文献出版社 2017年版，第 173 页。

② 《十九大以来重要文献选编》（上），中央文献出版社 2019 年版，第 444 页。

持下，怒江以生态护林员为突破口，从精准识别直接脱贫，到吸引周边贫困人口参与生态建设稳定脱贫，再到发展生态产业带动农村人口增收致富，走出了一条在脱贫攻坚中保护好绿水青山的"百姓富、生态美"双赢之路，破解了发展与保护的难题。

一是创设生态护林员，坚定干部群众守护绿水青山的信心和决心。2016年以来，在国家和云南省林草部门的关心支持下，在怒江干部群众的共同努力下，共争取到生态扶贫资金 9.22 亿元，从建档立卡贫困户中聘用生态护林员 31045 人，培训生态护林员 3.24 万人次，使贫困户每年每户增加 9600元以上的劳务收入，人均增加收入 2939.6 元，有效促进贫困户尽快摆脱贫困。其中，贡山县在选聘 3800 名生态护林员的基础上，进一步增加天然林保护工程、公益林聘用护林员 858 名，全县护林员总人数达到了 4658 名。以生态护林员为基础，怒江州进一步强化生态保护宣传教育。通过媒体宣传、户外宣传，开展讲坛论坛，举办环保活动，把生态建设纳入各级党委（党组）理论学习内容，纳入村规民约，让绿水青山就是金山银山的"两山"理念逐渐深入人心，形成了人人宣传生态保护、人人爱护生态环境的思想自觉和行动自觉，让生态理念成为干部群众的新思维。

二是发展绿色经济，让绿水青山变成"绿色银行"。秉持生态产业化、产业生态化的发展理念，怒江州依托资源优势，全力打造以核桃、漆树为主的木本油料产业，以草果、花椒为代表的绿色香料产业，以重楼、云黄连等为主的林下产业，实现"环境得保护，荒山得绿化，钱袋子鼓起来"。2018年到 2020 年 10 月期间，怒江州共落实林业产业扶贫资金 6.17 亿元，完成15 个产业项目，建设花椒、特色水果、木本蜜源花卉等产业基地 53 万亩，并进一步优化林草生态产业规划布局，健全现代林草绿色产业发展体系，促进产业健康发展和农户持续稳定增收。截至 2019 年底，全州林草产业总产值达 22.95 亿元，农民人均纯收入中林业收入 2913.97 元，林业经济正成为贫困群众增收致富的"绿色银行"。

三是用好绿水青山，让生态旅游成为乡村振兴的新动能。良好的生态环境是怒江州最为富集的旅游资源。在国家脱贫攻坚政策的大力支持下，怒江州积极发展集生态观光、民族文化体验、生物多样性研学"三位一体"的生态旅游产业，大力推进独龙江5A级旅游景区、丙中洛国家级旅游度假区建设，打造生态观鸟、观萤火虫基地，开展旅游扶贫示范村建设，把"绿水青山"的村寨变为生态旅游的美丽乡村，生态旅游让绿水青山变成取之不尽的绿色聚宝盆。通过旅游扶贫示范村和示范户项目的建设，乡村人居环境得到了进一步提升，一批生态美、环境美、人文美的村庄逐渐呈现在大众的视野中。福贡县老姆登村被评为中国最美村寨，秋那桶村入选全国第二批乡村旅游重点村名单，乡村生态旅游业态初步形成。同时，涌现出一批乡村生态旅游能人，丙中洛镇的阿白、阿土、陈建海，老姆登村的郁伍林、娅珍等旅游致富带头人，通过发展民宿、客栈、餐饮等乡村旅游，年户均收入近30万元，还带动了周边种养殖、民族服饰、特色餐饮、手工艺等产业产品的发展。

怒江州的实践证明，生态扶贫是解决边疆民族区域性整体贫困问题的重要途径，维系了祖国边疆的安定团结，实现了生态保护和脱贫攻坚双赢，奠定了乡村振兴的坚实基础。怒江州的生态扶贫实践，是落实"生态补偿脱贫一批"工程的重要典范，是贯彻习近平生态文明思想的生动实践，是将习近平总书记的关心关怀转化为打赢脱贫攻坚战强大动力和必胜信念的完美诠释，充分展现了习近平生态文明思想的强大真理伟力、强大实践伟力和强大指导伟力。

第二节　怒江州脱贫攻坚的启示

怒江州的脱贫攻坚伟大实践，是我们党坚持以人民为中心的发展思想的生动实践，为中国脱贫、全球减贫事业提供了鲜活的"怒江样本"。

一、习近平总书记的亲切关怀是根本动力

怒江州一直是习近平总书记十分牵挂的地方。2014 年 1 月，获悉独龙江公路高黎贡山隧道贯通，习近平总书记亲切致信祝贺，希望独龙族群众加快脱贫致富步伐，早日实现与全国其他兄弟民族一道过上小康生活的美好梦想。2015 年 1 月，正在云南考察的习近平总书记在昆明亲切接见了怒江州少数民族干部群众代表，殷殷嘱托"全面实现小康，一个民族都不能少"。在怒江州决战决胜脱贫攻坚的关键时期，2019 年 4 月 10 日，习近平总书记给贡山县独龙江乡群众回信，祝贺独龙族实现整族脱贫，希望乡亲们再接再厉、奋发图强，同心协力建设好家乡、守护好边疆，努力创造独龙族更加美好的明天。习近平总书记的亲切关怀成为怒江州各族群众打赢脱贫攻坚战的强大动力，让全州上下倍感激动、备受鼓舞，对夺取脱贫攻坚战的最后胜利信心满满。

二、以人民为中心是根本宗旨

不忘初心，方得始终。党的十八大以来，习近平总书记反复强调，"人民对美好生活的向往，就是我们的奋斗目标"。决战决胜脱贫攻坚，就是要坚持以人民为中心的根本立场，一方面要不负人民重托，坚决完成脱贫任务，加快补齐短板弱项，确保全面小康"一户不落、一个不少"；另一方面要相信人民、依靠人民，坚持群众主体，激发群众内生动力。

中国梦是追求幸福的梦，是中华民族的梦，也是每一个中国人的梦。在脱贫攻坚的伟大实践中，怒江州广大党员干部以贫困群众过上好日子为目标，舍小家为大家，以人民的利益为根本出发点。充分尊重贫困人口易地搬迁意愿，把搬迁人口安置在最优越的地理位置，组建"背包工作队""暖心服务团"，开展"背包上山、牵手进城"等活动。创新"十四年免费教育"、控辍保学"官告民"、开办"普职教育融合班"、为"两后生"送学等做法。

脱贫攻坚，群众动力是基础。习近平总书记指出，贫困地区发展、扶贫开发工作必须尊重贫困群众的主体地位和首创精神，把激发扶贫对象的内生动力摆在突出位置。在脱贫攻坚实践中，怒江州充分尊重人民的主体地位，不断改进帮扶方式，多采取以工代赈、生产奖补、劳务补助等方式，组织动员贫困群众参与帮扶项目实施，提倡多劳多得，不要包办代替和简单发钱发物；通过村民自治实现人居环境提升，实施"志智双扶"，通过干部"说给听、做给看、带着干"，深入细致做好群众的思想工作，帮助贫困群众提高增收致富的能力，帮助贫困群众摆脱思想贫困、意识贫困，贫困群众内生动力不断增强。

图 14　怒江州巾帼扶贫车间

资料来源：课题调研组。

三、坚持一切从实际出发是根本立场

坚持实事求是、一切从实际出发是唯物辩证法的根本要求，也是我们认识世界和改造世界的根本方法。怒江州尊重实际，坚持一切从实际出发，始终聚焦怒江州深度贫困的根本原因，一个个问题压茬推进、逐步解决。

聚焦区域性整体贫困问题，按照"贫困地区农民人均可支配收入增长幅度高于全国平均水平，基本公共服务主要领域指标接近全国平均水平"的目标要求，怒江州紧紧围绕阻碍当地群众脱贫致富的关键性瓶颈制约，坚持交通先行、教育优先，大力推进易地扶贫搬迁、信息网络建设等重要民生事业，推动产业发展"改穷业"，建好安居工程"挪穷窝"，抓实教育扶贫"拔穷根"，落实医疗保障"脱穷境"，夯实基础设施"换穷貌"，探索怒江扶贫新路子。

聚焦个体性贫困问题，对标"两不愁三保障"目标要求，怒江州扎实推进"五个一批"的精准扶贫。严把精准识别关，确定脱贫措施，将产业发展、安居工程、生态建设、劳动力转移、社会保障和素质提升覆盖到每个贫困户，把精准扶贫的"路线图"细化为每家每户的"施工图"，对标扶贫标准、对表项目清单，层层分解任务、逐级压实责任，按月对账，按季交账，动态调整项目库内容，精准安排使用扶贫资金，定期调度方案落实，确保所有贫困人口如期脱贫。

与此同时，怒江州充分尊重基层干部群众的首创精神，不断总结提炼基层的好经验好做法，并注重宣传引导，涌现出了"一周三活动""每日一晒""背包工作队""暖心团"等众多创新性做法和模式。

四、统揽经济社会全局是根本方法

坚持以脱贫攻坚统揽经济社会发展全局，就是要把脱贫攻坚作为第一民生工程。要强化全局观念和"一盘棋"思想，所有工作都要向脱贫攻坚聚焦，

各类资源都要向脱贫攻坚聚集，各方力量都要向脱贫攻坚聚合，将各部门分散的项目、资金和资源整合起来，形成政府、市场、社会共同助力的大扶贫格局，确保脱贫攻坚目标的实现。

怒江州在推进扶贫攻坚工作中，坚持以脱贫攻坚统揽经济社会发展全局。以《云南省怒江傈僳族自治州全力推进深度贫困脱贫攻坚实施方案（2018—2020 年）》中的"十大工程"作为全州脱贫攻坚的总任务、总目标、总抓手，编制《云南省怒江傈僳族自治州全力推进深度贫困脱贫攻坚年度实施方案》，细化实化任务，明确了每一项工程的责任领导、牵头单位和责任单位，将责任落实到单位负责人、分管领导干部。通过全领域、全覆盖、全方位的大会战，努力实现全面脱贫目标。

怒江州坚持把脱贫攻坚作为重大政治任务、首要民生工程和头等大事来抓，摆在优先发展的领域。优先考虑脱贫攻坚的干部配备。为打赢脱贫攻坚战，怒江州明确提出，由 35 名州级领导、58 名县（市）领导，结合"下沉作战、全面总攻"专项行动，在继续抓好原挂联乡（镇）、村的同时，按照就近就便原则，对剩余贫困人口超过 500 人或贫困发生率超过 10% 的 57 个重点村实行挂牌督战，由 20 名州级领导对全州 19 个千人以上易地扶贫搬迁集中安置点实行挂牌督战。行业扶贫部门组建"督战小分队"开展常态化督战，各级媒体深入开展明察暗访。优先满足脱贫攻坚的要素配置，大力推动人才、资本、项目、土地、技术等资源向脱贫攻坚一线集中。通过与珠海、广东等发达地区建立东西协作机制，促进劳动力的有效转移，推进要素的城乡流动。优先保障脱贫攻坚的资金投入，优先保障与"两不愁三保障"直接相关联的第一类项目和保障稳定脱贫须尽快实施的第二类项目，通过中央和省级财政安排的资金予以重点保证，统筹社会帮扶资金、金融资金和其他资金，努力推进扶贫项目加快建设，强化项目落实，细化量化项目建设的节点和任务，列出任务清单，做到目标明确、任务明确、责任到人，确保项目落实落地。优先安排脱贫攻坚的民生项目。怒江州在脱贫攻坚中突出重点，突破难点，聚焦人民群众比较关注的难点、热点问题，从最关心、最直接、最现实的利益问题入手，让老百姓得到实实在在的好处，感受到真真切切的变化。

五、集中力量办大事是根本手段

集中力量办大事，本质上是依靠人民群众的智慧和力量克服发展瓶颈和实现快速发展的过程。深度贫困地区的脱贫攻坚，仅靠一个人、一方力量是无法实现的，各方参与是根本。习近平总书记指出，"扶贫开发是全党全社会的共同责任，要动员和凝聚全社会力量广泛参与"，"必须坚持充分发挥政府和社会两方面力量作用，构建专项扶贫、行业扶贫、社会扶贫互为补充的大扶贫格局，调动各方面积极性，引领市场、社会协同发力，形成全社会广泛参与脱贫攻坚格局"。[①] 脱贫攻坚是体现人民整体意志、符合人民根本要求、代表人民长远利益的大事，是有利于改善人民群众生产生活条件、保障人民群众权利、让发展成果更多更公平惠及全体人民的大事，需要汇聚各方力量。

正是得益于我国社会主义"集中力量办大事"的制度优势，来自四面八方的人力、物力、财力才能源源不断地向怒江聚集。比如，广东省珠海市、中央定点扶贫的中交集团倾囊相助，三峡集团、大唐集团等国有企业也从资金、技术、人才方面给予全方位帮扶。比如，最美支边人管延萍辞别繁华的珠海远赴贡山支医扶贫，将原本三个月的服务期主动延长为半年，半年到期后，又主动延期为三年，为改变怒江州贫困地区的健康医疗状况，她用背篓把医疗用品背进大山，一步一个脚印，走乡串寨，送医送药，依靠熟练的专业技术、良好的医德医风及高尚的思想品质，得到广大群众和同事们的广泛

---

① 中共中央党史和文献研究院编：《习近平扶贫论述摘编》，中央文献出版社 2018 年版，第 99、107 页。

好评，成为百姓口中的"背篓医生"。

怒江州是中交集团的对口帮扶地区，从 1995 年开始积极参与怒江州扶贫开发工作，认真履行政治责任和社会责任，坚持用心、用力、用情定点帮扶，明确提出打造 50 年不变的中交帮扶长效机制，在逐年增加资金投入的同时，每年选派挂职干部，精选扶贫项目，在交通扶贫、产业扶贫、教育扶贫、易地搬迁扶贫、旅游资源开发扶贫等方面开展了卓有成效的工作，仅"十三五"期间投入扶贫资金就超过 2 亿元，与怒江人民心手相连、守望相助，结下了深情厚谊。中交集团员工姚聪学来到怒江州秋那桶村担任驻村第一书记、工作队长，长期扎根村里建设，帮助贫困户通过养蜂脱贫、联系资助贫困学生读书，这个"外来人"终于变成了乡亲们的"知心人"，也把秋那桶村的脱贫故事讲到了单位、讲到了母校、讲到了中央电视台，让怒江的脱贫精神深入人心。

2016 年以来，珠海市金湾区、三峡集团、中交集团等东西部扶贫协作和中央相关定点扶贫企业累计投入贡山县扶贫资金 3.45 亿元，解了贡山县一个又一个燃眉之急。"中国光彩事业怒江行"公益捐赠 29 家企业共捐资 1.68 亿元，确保了贡山县易地搬迁群众生活物资全覆盖，稳定了搬迁"大军"的军心，带动 20 家企业结对帮扶贡山县 20 个行政村，春雨农业、独龙神田等民营企业以资产收益分红等方式持续保障群众稳定增收。

六、产业发展是根本支撑

授人以鱼不如授人以渔。让贫困群众就业增收，是脱贫攻坚的重要内容。习近平总书记强调，一人就业、全家脱贫，增加就业是最有效最直接的脱贫方式。就业作为脱贫攻坚的"压舱石"与"稳定器"，不但能增强群众脱贫的内生动力，更是阻断已发代际贫困的重要方式。

怒江州精准施策，把农村就业作为全州贫困群众增加收入、转变观念、提升素质、摆脱贫困最快速、最直接、最有效的方式，形成了多种充分就业方式，使困难群众的收入得到了保障。一是积极开发公益就业岗位，保证建档立卡贫困户至少有一人就业。在开发公益岗位中，怒江州还结合当地实际不断创新做法，按需设岗，如在边境村开发护边员岗位、开发扶贫工作信息员等乡村公共服务岗位，既解决了有劳动能力但因家庭或其他原因不能外出的建档立卡劳动力的就近就地安置就业，也部分解决了"无法离乡、无业可扶、无力脱贫"的大龄劳动力、残疾家庭劳动力和有重病患者家庭劳动力的就业帮扶问题。二是鼓励支持就近就地创业，着力发挥"双创"对就业的带动作用，引导有意愿有条件的人员进行创业，加大对小微企业的扶持力度，加大对返乡创业人员的服务、指导和培训，带动农村贫困劳动力就业。三是努力推进各类企业吸纳就业，整合重大项目建设和易地扶贫搬迁工程建设的岗位需求，为无法出远门的劳动力提供就近就业岗位，建设扶贫车间为搬迁

图15　怒江州草果产业

资料来源：课题调研组。

人口创造就业机会，对各类企业及合作社重点吸纳贫困户就业给予一定奖励。四是注重引导外出转移就业，以东西部协作、企业集团定点帮扶为主要抓手，对接三峡集团、中交集团等帮扶企业，与珠海市开展扶贫协作，签订劳务协作协议，加大宣传引导，注重鼓励引导有外出务工条件的群众积极参与。

七、党的领导是根本保证

脱贫攻坚，加强党的领导是根本。习近平总书记指出："党对农村的坚强领导，是使贫困的乡村走向富裕道路的最重要的保证。"① 必须坚持发挥各级党委总揽全局、协调各方的作用，坚持中央统筹、省负总责、市县抓落实

图 16　怒江州脱贫攻坚誓师大会

资料来源：课题调研组。

---

① 习近平：《摆脱贫困》，福建人民出版社 1992 年版，第 119 页。

的管理体制，坚持省市县乡村五级书记一起抓的工作机制，为脱贫攻坚提供坚强政治保证。开展脱贫攻坚以来，怒江州党委和政府要把脱贫攻坚作为"十三五"期间头等大事和第一民生工程来抓，坚持以脱贫攻坚统揽经济社会发展全局，层层签订脱贫攻坚责任书、立下军令状，形成了五级书记抓扶贫、全党动员促攻坚的局面，为打赢脱贫攻坚战提供了根本保障。

怒江州广大党员干部苦干实干亲自干，无怨无悔地用自己的辛苦指数甚至生命换来了群众的幸福指数。脱贫攻坚开始至今，全州共有 27 名扶贫干部牺牲在脱贫攻坚路上。"人民楷模"高德荣，在担任怒江州人大常委会副主任期间把办公室搬到了独龙江乡，亲力亲为推动脱贫攻坚，退休后依然奋斗在独龙江乡脱贫攻坚第一线。云南省"百名好支书""扶贫好村官"王国才书记以村为家，一心扑在双拉村的脱贫攻坚和乡村振兴上，舍小家为大家，不脱贫不结婚，努力让村里所有老百姓都过上更好的日子。

正是一批批"背包工作队""党员突击队""扶贫暖心团"，锻造出一大批"有情怀有血性有担当"的怒江脱贫攻坚干部，汇聚成一道坚不可摧的"铁流"，为怒江摆脱千年贫困注入了必胜的力量。

第六章　巩固拓展脱贫攻坚成果：困难与挑战

脱贫摘帽不是终点，而是新生活、新奋斗的起点。怒江州脱贫攻坚取得了全面胜利，实现了社会形态和文明变迁的两个"千年跨越"，但是区域差距仍然存在，经济社会发展在全国仍处于较低水平，农民收入水平偏低，巩固拓展脱贫攻坚成果和乡村振兴还面临着公共服务、基础设施建设、产业转型、易地扶贫搬迁后续发展等方面的挑战。

第一节　经济发展整体仍处于全国较低水平

一、经济总量不高

2019年，怒江州地区生产总值完成192.51亿元，同比增长11.1%。经济总量在云南省16个地市中排最后一位。其中，第一产业增加值26.86亿元，同比增长5.3%；第二产业增加值67.15亿元，同比增长17.3%；第三产业增加值98.50亿元，同比增长8.2%。三次产业结构之比为14：34.9：51.1。农业在地区生产总值的比重较高，高于全国7.1%的平均水平，产业结构有待升级。下辖福贡县和贡山县地区生产总值分别仅为20亿元左右。全州人均地区生产总值为34686元，仅为全国平均水平的48.92%。

经济总量偏低，经济发展处于全国较低水平。

二、财政自主能力弱

2019 年，怒江州地方一般公共预算收入为 13.08 亿元，人均仅为 2357元；而一般公共预算支出为 175.66 亿元，远高于一般公共预算收入，财政支出对转移支付的依赖程度较高。特别是用于脱贫攻坚的支出主要依赖中央和省级投入，"十三五"期间，全州各级各类资金投入脱贫攻坚的资金为 330.58亿元，其中，中央和省级投入占 75.52%。作为深度贫困地区，怒江州基础设施与公共服务仍然相对落后，无论是巩固脱贫攻坚成果还是实施乡村振兴战略，都需要大量资金投入，资金投入缺口大，对上级财政支持资金依赖较大。

第二节　农村居民收入水平仍偏低

一、农村居民可支配收入低于全国平均水平

2019 年，怒江州农村居民可支配收入为 7165 元，尽管 2015 年以来年均增幅 8.33%，略高于全国平均水平，但收入总体水平偏低，仅为云南省平均水平的 60.20% 和全国的 44.72%，与全国农村居民人均可支配收入相比仍有较大差距。2019 年，怒江州贫困人口人均可支配收入达到 8595 元，也仅为全国的 74.31%。

二、农村居民增收面临挑战

从农村居民人均可支配收入结构看，工资性收入占比较大。工资性收入一部分来自公益岗位收入，公益岗位收入对财政的依赖较大；另一部分来自外出就业，受经济波动影响，外出就业具有不稳定性，再加之怒江州属于边疆民族地区，外出就业有许多不适应，外出就业收入不稳定。其次在农民收

入中占有一定比例的是转移性支付，这部分收入增长的空间有限。再次是经营性收入，农民通过家庭经营，开展特色种养获得收入。受农产品市场波动影响，居民经营性收入也存在不确定性。特别是建档立卡贫困户中，有转移性收入、生产经营性收入的农户占比较高；在收入构成中，工资性收入、生产经营性收入均占比较大（见表6），这都增加了未来稳定收入的风险，持续增长面临挑战。

表6 贫困户家庭收入来源构成

年份		2020 年
建档立卡户数		68960
家庭年均纯收入	户均（元）	42486
工资性收入	户数	29423
	户占比（%）	42.67
	户均（元）	24605
财产性收入	户数	14287
	户占比（%）	20.72
	户均（元）	745
生产经营性收入	户数	55339
	户占比（%）	80.25
	户均（元）	12117
转移性收入	户数	67177
	户占比（%）	97.41
	户均（元）	8968

数据来源：怒江州扶贫办。

第三节 基础设施建设仍存在差距

一、交通道路等与发达地区有差距

受独特的高山峡谷地形地貌限制，以及受自然灾害多发、建设成本高、难度大等现实因素的影响，怒江州交通基础设施建设总体滞后，欠账较多。全州的运输方式单一，仅靠公路运输，二级以上国道比例偏低，没有铁路运输，全州只有兰坪县有一个通用机场，综合交通建设总体滞后。农村公路配套设施不完善，抗灾能力较差，灾后修建、重建的投入较大。2019 年，刚刚修通的美丽公路，因受"5·25"特大自然灾害影响，出现多处路面塌方，到独龙江乡的公路中断半个月，又投入大量资金进行修复。

二、人居环境与乡村旅游发展不适应

近年来，怒江州深入推进农村人居环境整治，环境卫生、村容村貌得到了显著提升，但农村人居环境距离乡村旅游发展依然有不小差距，农村垃圾处理、污水处理等生活设施配套比例较低，"厕所革命"有待深入推进，农家乐、民宿等的卫生环境有待提高，农村人居环境质量提升依然任重道远。

三、局部地区电力和网络供应能力有待提升

随着农民生活水平的提高，生产生活用电需求将持续增长，独龙江等局部地区的电力供应未来可能出现不足。受自然灾害等突发事件影响，断电断网的现象时有发生，电力和网络供应能力还有待提升。

四、新增人口住房保障机制有待探索

通过易地扶贫搬迁和农村危房改造，农户住上了宽敞亮堂的新房，但是受政策限制，一些家庭的人均住房面积还相对较小，随着人口增加，住房压力将持续提升。与此同时，由于群众收入水平仍然相对较低，未来结婚生育等新增人口的建房成本依然较高，如何保障未来新增人口的住房安全可能是一个新的挑战。

第四节　公共服务有待进一步提升

一、教育保障巩固提升难度大

十年树木，百年树人。教育是长远大计。怒江州虽然教育扶贫取得了显著成效，但由于基础差、底子薄，全州的教育水平仍落后于全省和全国其他地区，人员整体受教育程度和文化素质依然明显偏低。怒江州财力有限，在普通话培训、"雨露计划"、学生资助等政策面临后续资金来源问题。在教育师资方面，引才留才的难度较大，教育人才短缺，师资队伍不足，特别是高中阶段和职业教育阶段师资不足。在控辍保学方面也存在压力，部分学生厌学情绪严重，部分学生已婚、外出务工或居住在国外，劝返难度大，部分学生常年跟随在州外务工的父母生活，联系不便劝学难。

二、医疗服务水平有待进一步提高

怒江州健康扶贫任务基本完成，但怒江州卫生健康事业起步晚、基础差、底子薄，还有很多短板和不足。区域人口健康信息平台尚未建立，信息化互联互通难以实现。医疗卫生机构自我发展能力较弱，改善医疗卫生服务条件、基础设施建设、大型设备购置、短板科室建设、临床重点专科发展等方面的资金、人才压力较大。乡村两级的医疗服务水平还不高，专业技术人才较为匮乏，留人难、引人难的状况依然存在，在"小病不出村、常见病不出乡"上还有不小差距。

三、社保兜底动态监测体系有待进一步完善

怒江州自然灾害频发，对农业、旅游等产业发展的影响较大，要重点加强对不稳定脱贫户和边缘户的监测，以便早发现、早帮扶，有效防止返贫。

怒江州建档立卡贫困人口的低保依赖程度较高，截至 2020 年 6 月底，全州建档立卡贫困人口 26.7 万人中纳入低保 8.4 万人。随着低保政策的调整完善，一些人将逐步退出低保，其发展能力仍需保持监测。同时，还有部分人因病、因灾造成收入下降和自身发展能力降低，对于符合条件的，要及时纳入低保体系予以保障。

四、对弱势群体的关爱和服务有待进一步加强

对完全或部分丧失劳动能力且无法通过产业扶持和就业帮助脱贫的贫困人口，始终需要进行兜底保障，要加强对这部分人员的关爱和服务，不能简单一兜了之。随着怒江州交通条件的逐步改善，外出务工人员逐渐增多，留守老人、儿童、妇女问题将逐渐凸显，要加强对这些人员的关爱关注，提前谋划帮扶干预，避免社会问题的发生。

第五节　产业发展短板有待补齐

一、产业基础薄弱

怒江州山高坡陡，沟壑纵横，海拔落差大，农业基础设施十分薄弱，抗御自然灾害能力差，地块细碎、陡坡地多，旱涝保收的耕地面积少，产业发展受水利设施不足、交通条件等因素限制的情况突出，科技增收措施受自然灾害影响突出，持续增产的能力弱。全州可垦殖的面积少，耕地资源有限，但怒江立体农业资源丰富，有丰富的动植物种质资源，为开发特色生态农业提供了有利的条件。但由于产业规模较小，科研力量不足，科研工作落后，种质资源还未得到充分利用。

二、产业链条短

怒江州农业产业发育较为滞后，以生产原料和农产品初加工为主，加工工艺简单，产业链条短、附加值低。以怒江州覆盖面最广的草果产业为例，大部分产品经烘干后，直接销售，没有合作社或产业联盟统一对接市场销售。尽管目前已经开发了草果粉、草果茶、草果酱、草果香水等系列产品，但是均处于研发状态，没有量产和开拓市场。其他特色种养业，如养蜂产业、独龙牛、水果、茶叶、中药材等，也以原料形式直接销售。产业链短，市场波动风险较大，产品附加值低，农民收入容易大起大落，难以分享产业发展的红利。

三、经营主体小散弱

全州经营主体数量有一定的规模，但是发展前景好、运营规范、带贫能力强的主体不多。缺乏实力雄厚、带动能力强的农业龙头企业，现有龙头企业、农民专业合作社等新型经营主体普遍存在"小散弱"的情况，发展艰难，带贫能力不强，产业发展组织化程度低。有的为了与企业对接方便，有的为获得扶持政策成立合作社，有的合作社以发放种苗、技术服务为主，在市场开拓、统一销售方面能力较弱。怒江州各类农业经营主体相对弱小制约了产业发展壮大。

四、农民合作意愿不强

怒江州一部分群众是直过民族，社会发育程度较为滞后，脱贫攻坚后，贫困群众刚刚由原始交换、自给自足到建立商品意识，合作化、组织化程度不高。现阶段村里的年轻人还比较多，可以家庭自主经营，但随着外出就业人数增加和农村人口老龄化加剧，分散经营的弊端就会凸显，农民的合作意愿和组织化、合作化程度有待提高。

五、市场开拓能力有待提高

产销对接是贫困地区产业发展的重要一环。怒江州的农副产品产地环境好、品质优，但缺少品牌效应，产品分级分类不足，绿色产品、有机产品认证少，区域公共品牌建设不足，宣传、营销力度不够，市场营销体制不健全。市场开拓能力不强，产品市场定位和消费群体开发不足，没有细分消费市场，农产品的质量效益得不到体现，价格与产品本身品质相比，存在较大差距。

第六节　易地扶贫搬迁有待关注后续发展

一、后续产业发展难度大

产业发展和培育往往需要一个较长的过程。易地扶贫搬迁安置点的产业培育，既需要政策，也需要时间。特别是长期以来，怒江州经济社会发展较为落后，产业基础薄弱，易地扶贫搬迁安置点的产业主要以扶贫车间为主，产业规模小、技术含量低，受市场影响较大，梯度转移的劳动密集型产业在订单带动下能够规避市场风险，但直接面向市场的手工产品，例如民族服饰、手工艺品等，市场开拓的难度大。发展特色种养业又不具备土地条件，在迁出地发展面临路途远、交通不便、时间成本高等问题。

二、就业选择机会少

目前易地扶贫搬迁的主要就业方式以公益岗、扶贫车间为主，其可持续值得关注。享受就业保障的大多数是年轻人，而大部分只有务农能力和经验的老年人则很难在实现职业转换后获取更高收入。搬迁后务农时间成本和消费刚性支出的增加，可能加重家庭负担，激化家庭矛盾。

三、社区融入和管理水平有待提高

易地扶贫搬迁使贫困户实现了居住环境和社会环境的整体变迁。在居住环境上，部分搬迁群众实现了从独门独院到高层多户的转变；在消费结构上，搬迁群众的日常生活消费支出实现了从自给自足到刚性增长的转变；在家庭居住格局上，部分搬迁群众实现了从多代分居到多代聚居的居住格局的转变；在安置点社会环境上，搬迁群众实现了从同质社会环境到异质社会环境的转变；在生活空间上，搬迁群众的原有社交空间断裂。由于易地扶贫搬迁任务重、时间紧，对于搬迁群众的社区融入和管理帮扶相对较为不足，很多群众还难以适应新的生活环境。

第七节　政策落差有待消除

一、贫困村与非贫困村

从脱贫攻坚战略实施以来，脱贫攻坚的资金项目全部精准投向贫困县、贫困村和贫困户。在基础设施、村容村貌、人居环境等方面的投入均多于非贫困村，形成了政策上的差异和悬崖效应。对于怒江州来说，非贫困村也并非强村，农村经济发展和基础设施建设没有显著优于贫困村，随着脱贫攻坚对贫困村投入的增加，大部分贫困村已超过非贫困村，而且这一差距在逐步扩大，非贫困村成为相对贫困村。怒江州的非贫困村发展值得关注。

二、贫困户与非贫困户

贫困户与非贫困户同样存在政策差距，从统计数据就可以看出来，2019年，建档立卡贫困人口的可支配收入高于农村居民的收入水平。特别是非贫困户中较低收入群体的境况与贫困户相差不大，但却享受不到脱贫攻坚政策的支持，反而中低收入农户与贫困农户的差距拉大，这些边缘群众的返贫压力较大。在产业发展中，有积极性的非贫困户也享受不到政策支持，形成了政策的错位，不利于扶贫产业的成片推进、规模发展。

三、搬迁户与非搬迁户

为解决"一方水土养不起一方人"的问题，实施了易地扶贫搬迁，但有些群众一时想不通，顾虑较多，担心搬出去的生计，故没有搬迁，尽管"两不愁三保障"突出问题已解决，但是随着经济发展，非搬迁户看到搬迁出来群众生活的改善，住上宽敞的新房，也有搬迁意愿。还有一些搬迁群众受政策影响，房屋面积相对较小，随着家庭人口增加，住房压力增大。由于群众收入水平仍然相对较低，未来结婚生育等新增人口的住房成本依然较高。如何保障新增搬迁意愿人口的需求和新增人口的住房问题可能是一个新的挑战。

第七章　巩固拓展脱贫成果同乡村振兴有效衔接的建议

巩固拓展脱贫攻坚成果是乡村振兴的基础。怒江州作为深度贫困地区，尽管消除了绝对贫困，解决了区域性整体贫困，但距离实现乡村全面振兴依然还有较大差距。巩固拓展脱贫攻坚成果将是未来一个时期的主要任务，亟须在乡村振兴战略中统筹安排，实现脱贫攻坚与乡村振兴的有效衔接。

第一节　巩固拓展脱贫攻坚成果

一、防止脱贫人口收入下滑

脱贫人口自身发展不足，收入具有脆弱性，提高他们的文化素质和就业技能是一个长期过程。为保障脱贫人口收入不下滑，要把握好产业、就业两大关键环节，确保产业不断档、就业不停顿。延长产业链，完善农业保险、收入保险，尽量降低自然灾害、市场冲击对农民经营性收入的影响。千方百计拓宽脱贫群众的就业渠道，加强就业技能培训，做好对口援助地区就业帮扶，完善"外出就业职工之家"，加强对外出就业人员身心健康的关怀，提高外出就业的稳岗率。引导劳动密集型产业由东部地区向怒江州转移，为脱贫群众提供多元化的本地就业机会，为长期稳定增收提供保障。

二、关注低收入群体

共同富裕是社会主义的本质要求。尽管脱贫攻坚任务全面完成，但仍然存在大量的低收入群体，而且这部分人是容易返贫群体，也是持续减贫中备受关注的重点。应在巩固脱贫人口收入的基础上，特别关注低收入群体，健全防止返贫动态监测和帮扶机制，对易返贫致贫人口及时发现、及时帮扶，守住防止规模性返贫底线。对于老弱病残等特殊困难群体，要筑牢社会保障网保障；对于有劳动能力的低收入人口，要纳入产业、就业等扶持政策中，激发其内生动力，增强自我发展能力，多渠道促进其就业。

三、科学管理扶贫资产

脱贫攻坚期间，形成了大量的扶贫资产，要加强对这些扶贫资产的监管，明确扶贫资产的权属。随着贫困人口脱贫，逐步将扶贫资产划归农村集体所有，尽快制定科学的扶贫资金管理办法，合理分配资产收益，在巩固脱贫成果的同时，可用于集体公益事业的支出，用好扶贫资产收益，不断壮大集体经济，衔接乡村振兴。

四、注重易地扶贫搬迁后续发展

易地扶贫搬迁的建设任务已完成，进入后续发展阶段。怒江州近五分之一的人口易地搬迁，而且大部分人口搬迁到城镇，这对交通、卫生、教育、健康、社会治安等方面的管理和服务提出了更高的要求。城市的管理必须顺应社会结构的变化，为搬迁群众创造良好的社会环境。社区管理和服务是搬迁群众实现"安家"与"安心"的关键。要加强对搬迁人口的关心和关爱，特别是让搬迁群众更好地适应生活方式、居住环境、社交空间的转变，融入新的社区生活。持续深化易地扶贫搬迁后续扶持，在不断健全完善公共服务配套设施和社区治理新机制的基础上，以产业和劳动力转移就业为核心保障搬迁群众的基本生活，提高劳动技能，尽快适应外出就业的节奏，提高产业就业收入。盘活迁出地"三块地"资源，把搬迁群众迁出地资源变资产、把资产变资金，让土地继续成为搬迁户的收入来源，实现"搬得出""稳得住""逐步能致富"。

第二节　推进与乡村振兴有效衔接

一、接续脱贫攻坚管理体制

怒江州在脱贫攻坚中探索和实践了有效的管理体制，包括：中央统筹、省负总责、市县抓落实的管理体系；五级书记抓落实、党政一把手亲自抓的责任落实体系；地方主要领导任双组长、多部门参与的组织体系；督导考核的监督体系。这些管理体制是党中央脱贫攻坚政策能够落地生根、开花结果的重要保障。实施乡村振兴战略要借鉴脱贫攻坚的成功经验，延续脱贫攻坚的管理体制，落实乡村振兴战略的工作责任和任务。

二、调整优化政策实施范围

怒江州出台一系列政策措施支持脱贫攻坚，形成了政策合力。全力攻坚阶段，按照"六个精准"要求，这些政策、资金、项目全部瞄准建档立卡贫困户、贫困村，形成了与低收入群体、非贫困村之间的政策差异。脱贫攻坚为实现乡村振兴奠定了坚实基础，但政策目标不同，需要在保持现有主要帮扶政策总体稳定的基础上，逐项分类优化调整，合理把握节奏、力度和时限，逐步实现由集中资源支持脱贫攻坚向全面推进乡村振兴平稳过渡，推动"三农"工作重心的历史性转移。在资金支持上，继续延续整合涉农资金，创新涉农整合资金管理，适当扩大涉农资金使用范围，适应乡村振兴的要求，通过促进区域经济社会发展，提高农村居民的收入和福祉。特别是对于怒江州这样的深度贫困地区，扶持政策和支持力度要保持相对稳定，培育自身发展能力。在人才支撑上，要加大乡村振兴人才的培养，增强技术人才的培训和支持，适度削减驻村工作队力量，培育乡土人才，建强"两委"干部，发挥党员先锋模范作用，打造一支带不走的驻村工作队。持续优化东西部协作帮扶机制，拓宽合作领域，加大资金支持力度，动员更多社会爱心人士参与怒江的进一步发展，在教育、医疗和人才培养等方面给予更多的帮扶，深入开展产业合作，提升合作效益。

三、持续推进产业高质量发展

产业振兴是乡村振兴的关键，不论在脱贫攻坚阶段还是接续推进的乡村振兴，对于活跃农村经济、支撑农民收入发挥了重要作用。产业的发展不是一朝一夕，要久久为功，培育可持续发展能力。

一是牢牢把握产业发展思路。产业的发展需要持之以恒的坚持和培育。要毫不松劲推进生态特色产业建设，持续壮大草果、中华蜂、中药材等特色产业规模，不断探索提升产业化组织化新路径，积极打造区域公共品牌，延伸产业链，提升价值链，增强产业竞争力和抗风险能力。以东西部扶贫协作劳务输出为重点，创新技能培训方式，完善奖补机制，输送更多的农村劳动力外出务工增加收入、开阔眼界。主动融入和服务"大滇西旅游环线"建设，把旅游产业建设成为群众增收的支柱性产业。

二是加快补齐产业扶贫关键环节短板。加强农产品质量和品牌建设，促进标准化生产，推进农产品分等分级，大力发展网上销售，提高农业综合效益，重点推进草果产业的提质增效。加大农产品初加工和冷链物流等商品化处理设施建设的扶持力度，完善市场体系，降低物流成本，促进农产品产销衔接。

三是发展壮大新型经营主体。积极引进和培育龙头企业，扶持培育规范农民专业合作社、家庭农场等新型经营主体发展，提高农民组织化程度。完善利益联结机制，提高龙头企业与合作社的辐射带动能力。加大新型职业农民培训力度，加强农村人才队伍建设，培养一批专业人才，扶持一批乡村工匠。

四是创新农业科技支撑方式。探索建立农科教产学研一体化农业技术研发推广体系，柔性引进专业技术人才，创新公益性农技推广服务方式，支持农技推广人员与家庭农场、农民合作社、龙头企业开展技术合作，全面提升农业科技支撑能力。

四、探索生态资源产业化新路径

一是践行"两山"理论。坚持人与自然和谐共生的原则，秉持生态惠民、生态利民、生态为民的根本宗旨，保护好怒江的绿水青山，大力发展生态产业，推进美丽宜居乡村建设，积极创建生态旅游示范村镇和精品线路。

二是加快人居环境整治。全面推进农村人居环境整治，强化农村环境集中连片整治力度。深入推进"厕所革命"，突出抓好清理农村生活垃圾、清洁农村水源水体、清理畜禽养殖粪污等农业生产废弃物，建立健全长效管护机制，不断提升村容村貌。持续开展家居内务管理提升行动，推动群众生活区域干净、卫生、整齐、有序、规范。强化传统村落和特色民居保护力度，因地制宜开展美丽乡村创建示范。

三是提高生态补偿水平。积极探索建立市场化多元化生态补偿机制，进一步加大重点生态功能区转移支付力度，完善生态保护成效与资金分配挂钩的激励约束机制。健全地区间、流域上下游之间横向生态保护补偿机制，探索建立生态产品购买、森林碳汇等市场化补偿制度。进一步优化完善生态建设和保护以工代赈模式，提供更多生态公益岗位。

五、传承发展民族特色文化

一是持续开展移风易俗活动。充分利用"一周三活动"和新时代文明讲习所平台，加强宣传引导和农村科普工作，提高农民科学文化素养，进一步激发群众内生动力。广泛开展文明村镇、星级文明户、文明家庭等群众性精神文明创建活动，探索推广积分制、道德评议会、红白理事会等做法，丰富农民群众精神文化生活，抵制封建迷信活动，推动形成文明乡风、良好家风、淳朴民风。

二是保护开发民族特色文化。加强民族特色文化保护和开发，保护好传统村落、民族村寨、传统建筑、农业遗迹，加大对各类民族文化、民间文化、优秀戏曲曲艺等传承发展的支持力度。

三是全面增强文化设施供给。着力补齐农村公共文化服务设施短板，扎实推进农村基层综合性文化服务中心建设和公共服务提档升级，强化数字乡村建设，加强设施统筹利用和资源共建共享，让农民群众能够便捷获取优质数字文化资源。

六、持续提升基层治理能力

一是加强基层组织建设。强化农村基层党组织领导核心地位，选优配强村党组织书记，培养储备一批年轻有学历的干部人才，引导农村党员发挥先锋模范作用，把农村基层党组织建成坚强战斗堡垒。完善因村派人制度，建立选派第一书记工作长效机制，加强对驻村干部的专业技能培训。健全从优秀村党组织书记中选拔乡镇领导干部、考录乡镇机关公务员、招聘乡镇事业编制人员制度，激发基层干部干事创业的积极性。

二是充分尊重人民群众的主体地位。建立激励机制，激发群众自我管理的内生动力，发挥群众参与乡村治理的积极性，让农民成为乡村振兴的建设者、管理者和受益者。探索集体经济收益分配积分制等做法，让农民群众参与到乡村治理中，实现治理有效。

七、有序推进全民共同富裕

一是巩固提升基础设施条件。持续巩固提升基础设施保障水平，高品质规划建设好"大滇西旅游环线"，推动美丽公路的提升改造，大力推进数字乡村建设。建立健全乡村道路养护制度，鼓励农户参与道路养护。加快推进农村电网提升工程建设，有效缓解农村生产电力不足的问题。统筹推进农村人居环境改善与乡村旅游发展，鼓励支持农家乐和民宿优先推进改厕和污水处理设施建设。

二是促进农民持续增收致富。坚持就业优先战略和积极就业政策，健全覆盖城乡的公共就业服务体系，大规模开展职业技能培训，促进农村居民多渠道转移就业，提高就业质量。加强扶持引导服务，实施乡村就业创业促进行动，大力发展文化、旅游、生态等乡村特色产业，振兴传统工艺。发展壮大扶贫车间，鼓励在乡村地区兴办环境友好型企业，实现乡村经济多元化，提供更多就业岗位。

三是完善提高公共服务水平。建立健全全民覆盖、普惠共享、城乡一体的基本公共服务体系，推进城乡基本公共服务均等化。积极发展"互联网＋教育"，加强城乡教师交流轮岗，提升乡村教育质量。扎实推进健康乡村建设，倡导科学文明健康生活方式，提升基层医疗卫生服务能力。提高农村社会保障能力，统筹城乡社会救助体系，逐步提高农村居民最低生活保障水平，构建统一的城乡居民基本医疗保险制度和大病保险制度。

八、弘扬脱贫攻坚"怒江精神"

广泛开展先进典型评选，营造学习榜样、争当先进的良好氛围，充分利用各类媒体、以人民群众喜闻乐见的传播方式，深入开展先进典型事迹宣传，以身边的典型教育影响、激励、带动广大人民群众，让脱贫攻坚人物事迹深入人心，激发正能量。弘扬"缺条件不缺斗志不缺精神"的昂扬气概、"苦干实干亲自干"的工作作风和"有情怀有血性有担当"的高尚品质，把脱贫攻坚"怒江精神"传承到乡村振兴中。持续开展感恩教育，坚持开展"升国旗唱国歌"和"国旗下的讲话"活动，坚定理想信念，激发群众内生动力，凝聚乡村振兴力量。

第三节　有关建议

一、继续保持现有政策支持力度 5—10 年

怒江州本级财力有限，对上级转移支付依赖程度高，况且在基础设施、公共服务、产业发展方面还存在较大差距，巩固拓展脱贫攻坚成果的压力大，实施乡村振兴存在较大的资金缺口，建议保持现有支持水平 5—10 年，进一步加大基础设施建设支持力度，夯实产业发展基础，培育自身发展能力。

二、将怒江州整体纳入国家乡村振兴重点帮扶地区

根据国家"十四五"规划和 2035 年远景目标纲要，国家将在西部脱贫县中集中支持一批乡村振兴重点帮扶县。怒江州是"三区三州"之一，是全国相对落后的地区，建议将怒江州整体纳入国家乡村振兴重点帮扶地区，增强其巩固脱贫成果和乡村振兴的内生发展动力。

附录一

典型人物

一、脱贫攻坚促进年轻党员干部的快速成长

——访丙中洛镇双拉村党总支书记王国才

王国才，男，怒族，1987年11月生，2010年7月加入中国共产党，现任丙中洛镇双拉村党总支书记、村委会主任。他爱岗敬业、廉洁自律、心系群众、攻坚克难、坚持党性，带领全村党员干部全心全意为人民服务，他时刻不忘党和人民赋予的权利和义务，认真学习党和国家的方针、政策及法律法规。始终从谋划双拉村的经济发展、班子队伍建设着手，从服务群众方面着力，不断提高自身和班子能力，不断推动双拉村经济社会发展，自觉把党建工作和脱贫攻坚有机结合，使之互相促进，推动各项工作有序开展。近年来，王国才同志先后获得上级各部门的表彰奖励：2012年度被贡山县委评为优秀团干部，被云南省边防总队评为边境联防先进个人；2014年度被丙中洛镇党委评为优秀共产党员；2016年度被丙中洛镇政府、镇完小评为先进支教工作者；2016年被贡山县委评为优秀党务工作者；2019年10月被云南省扶贫开发领导小组评为全省脱贫攻坚奖"扶贫好村官"荣誉称号。

双拉村属于全国"三区三州"地区深度贫困县，是多个少数民族聚居村，基础设施建设薄弱，产业结构单一，人民群众就学就医比较困难，贫困人口

占全村人口的 95%以上，全村贫困发生率 53.3%。自从开展脱贫攻坚以来，把解决人民群众最关心最现实的困难和问题摆在首位。成立村级脱贫攻坚领导小组，带领村"两委"班子、驻村工作队成员，一方面，白天入户收集人民群众的实际困难和诉求，开展入户工作，晚上组织召集会议研究，集思广益，提出解决问题的方案。按照"应纳尽纳、应退尽退"的原则，准确识别贫困人口，全村精准识别建档立卡户 434 户 1429 人。另一方面，因地制宜，分类施策，积极落实上级党委安排的"五个一批"、"六个精准"、一户一册等政策措施，积极争取项目。先后组织制定了《双拉村脱贫攻坚工作方案》，充分发挥工作队优势，做实基础工作，做细重点工作，细化完善精准识别、精准施策工作措施，做到村不漏户、户不漏人，掌握贫困程度和致贫原因，确保各项数据准确无误。

紧紧围绕党建带扶贫、带脱贫致富工作，王国才同志及村"两委"深入开展调研，认真分析贫困户致贫原因，寻找脱贫措施，制订脱贫计划，在充分尊重贫困户意愿的基础上，科学确立了以种植业为主的脱贫致富路子。积极带领村民发展产业，完成了 2700 株的樱桃种植，积极协调和完成了产业结构调整各项工作。特别是 2018 年通过上级扶持，他带领村民种植羊肚菌，通过召开村"两委"会议明确分工，利用党员带动农户的方式带动贫困户 90 户种植了 104 亩，通过党员分片跟踪服务及相关技术人员提供技术指导，总支委员亲抓完成了亩产 350 斤的目标，每户增收了 3000 元。2019 年还完成了葛根种植 254 亩，覆盖了 11 个小组，还通过自主试验建成了 30 亩的魔芋种植基地。突破整村集体经济"空壳"，通过多次深入调查研究，谋划思路，起草集体经济实施方案，最终确定符合当地条件的土鸡养殖场，2019年集体经济收入突破 7 万元人民币。

双拉村作为深山峡谷，地形地势陡峭，两面环山，交通不便，生产生活条件落后，住房安全得不到保障。在王国才书记的带领下，村"两委"班子、驻村工作队积极深入群众调查研究，切实把人民群众的困难提到议程上进行研究商讨，及时向上级相关行业部门汇报当前全村道路、饮水保障、住房安全问题，及时录入项目库进行跟踪实施部门开工前中期的矛盾纠纷排查、调解工作。2014年以来，他加强宣传力度，积极向村组宣传通组公路建设的重大意义，协助相关部门通组公路道路硬化建设，全面完成全村11个村民小组通组公路，全村饮水安全有保障，住房安全有保障。全力带头协调易地扶贫搬迁安置点的征地、测量和群众思想工作，完成了111户375人顺利入住易地扶贫搬迁安置点，饮水保障工程有序推进，全村总共协调"农危改"项目推进208户，确保了2020年全面达到住房保障目标，截至2019年度全村实现"两不愁三保障"，贫困发生率降至0.13%，进一步提高了人民群众的安全感、获得感和满意度。

由于全村社会发展、人民群众生活陋习等客观原因的存在，多年来，在村级社会环境建设中，乡风文明建设比较薄弱。自从王国才当村党总支书记、村委会主任以来，他把改善人民群众的生活环境，摒弃传统不良习俗放在工作议程中。一是先后组织起草研究方案，制定双拉村无酒瓶整治方案、村规民约、奖惩办法。及时召开村民代表大会，群众大会通过了相关规定。二是加强制度落实力度，切实把各项制度落到实处，进一步提高了人民群众的生活习惯，通过落实常态化管理，进一步改善了双拉村人民群众的生产生活环境。

双拉村主要是以怒族为主，多民族共同生产生活，民族特色浓郁。所以王国才同志带领村"两委"班子成员认清目前形势，始终把民族团结的政策作为宣传的重点，认真制订宣传计划，组织宣传力量，开设宣传时段、栏目，多层次、多角度地进行宣传工作，充分宣传了社会各界开创民族团结工作新局面和新举措，取得了良好的效果。一是始终把加强意识形态领域的宣传教育作为重中之重，开展好每月一次宗教人士政治学习制度，利用工作队的优势定期到宗教活动场所宣传党的政策，结合每周一的升旗及国旗下讲话，认真宣传脱贫攻坚政策及民族团结相关政策。二是认真组织双拉村民族文艺队，宣传好民族文化特色，定期组织文艺队开展好文艺宣传工作，双拉村现有多个民间艺人，从国家级到县级都有，充分利用民间艺人的优势，积极组织村民学习民族文化和传承民族文化，通过几年的努力，双拉村的民族文艺队发展得越来越好。利用业余时间还组织红歌翻唱怒语，前后改编了十多首，多次参加了红歌比赛，取得了多个名次。

王国才是在上一任老书记李晶宝的带领下成长来的。李晶宝书记2014年当选为双拉村党支部书记，开创了"党建+"的新型基层党建工作。2015年8月，李晶宝书记前往四川绵阳学习羊肚菌种植技术。学习回来后，通过种苗培育实验，成功培育出羊肚菌种苗。2015年9月，通过自己的努力，带领党员群众建盖了羊肚菌种植大棚4亩，一般亩产200斤，管理和技术到位的可以达到300斤，按照当时的市场行情，平均每亩效益都在2万元以上，极大地提高群众的经济收入，实现脱贫致富。这种模式把培养致富带头人和建强党员干部队伍结合起来，将党建与产业发展统一起来，以产业促党建，以党建促发展。积极探索"公司+协会（农户）+党支部"等多种运行模式，指导和推动产业发展，带动群众增收致富。由于理论水平、实践经验等方面的突出表现，2016年李晶宝书记通过公务员招考，被提拔为独龙江乡政府的正式干部。他一手培养起来的村主任王国才成为"双肩挑"的新村党总支书记。

王国才书记以村为家，一心扑在双拉村的脱贫攻坚和乡村振兴上，难以顾及自己的小家。尽管离家只有20分钟的车程，但是很难回去。老母亲很不理解地说："我们以前的村干部事情不多的嘛，还能照顾自家的生产生活，你怎么这么忙？家都不顾了。"同为党员干部的妻子很理解和支持，完全承担起照顾家庭的重担。王国才书记本着群众利益无小事的理念，积极走村入户，既宣传脱贫攻坚政策和全村发展规划，又积极化解群众矛盾。同时，召集村"两委"班子和村民利用驻村扶贫工作队的优势一起研究本村发展方向与编制规划，在脱贫攻坚各项任务中直面问题，攻坚克难，解决落实问题，在党委政府的决策部署中主动担当，推动工作创先争优，努力营造知难而上的氛围。始终把从严治党贯穿于工作，推动党建、脱贫攻坚会议的贯彻落实。

二、自强不息，脱贫事业中绽放美丽之花

——访茨开镇丹珠村村委会副主任和秀芳

贡山县秀芳养殖有限公司成立于 2014 年 4 月，现有职工 5 名，其中女性 2 名。主要经营生猪、家禽、草果、核桃等种养殖。2018 年出售生猪收入 25 万元。贡山县秀芳养殖有限公司的法人是茨开镇丹珠村的一个巾帼致富能手、丹珠村村委会副主任和秀芳。

在贡山县茨开镇丹珠村，提起养猪能手，村民们都会竖起大拇指说："秀芳养殖有限公司的和秀芳，是一个能人，也是村里的创业典范。"

在几年前的一次考察学习中，和秀芳看到别人养猪致富，便萌生了自己办养殖厂的念头。这位独龙族女人凭着顽强的毅力和坚持不懈的打拼，用自己的双手和心血带领群众谱写了一曲脱贫致富奔小康的动人赞歌。

如今，她已是贡山县秀芳养殖有限公司的法人，丹珠村村委会副主任。回顾艰难的创业历程，和秀芳感慨万千。她说，创业之初，家境贫穷，经济收入少，只有一间破旧不堪的木板房，并且还欠了几万元的债务，家里仅有的 3 亩多土地，是她创业的全部"生产资本"。但艰苦的环境和落后的条件，未能阻挡她对美好生活的向往和追求，她始终坚信勤劳必能致富。

2014 年，和秀芳向银行贷了 5 万元的创业资金，加上向亲戚朋友东拼

西凑的几万元钱，办起了养殖厂，开始了艰辛的创业历程。养猪的活又脏又累，特别是夏天，猪舍粪便臭气熏天，苍蝇满天飞。一般人见了都会绕道而行，但她却毫不顾忌，一门心思扑在创业上，自己动手清理粪池、打扫猪舍卫生，使养猪场内外随时保持干净。即便这样，还是因为管理不善，导致饲养的猪大量死亡，损失惨重。

首次创业就这样以失败告终，但这位大山深处的独龙族"女汉子"在困难面前并没有灰心。她查阅了大量资料，虚心向畜牧养殖专家求教，还专程到昆明学习养猪方法、疾病预防技术。通过学习，她从中悟出这样一个道理：生猪养殖，良种是基础，防疫是成败的关键，规模养殖是效益的根本。于是，她在引种、防疫、科学管理和规模养殖上狠下功夫，购买了有关科学养猪方面的书籍，空闲时，就会翻阅这些书籍和资料，不断地给自己"充电"。经历了第一次的惨痛教训，和秀芳决心在哪里跌倒，就在哪里站起来。在乡党委、政府的支持下，经过几年的摔打和艰辛付出，一年下来，养猪纯收入已上万元，不仅还清了债务，还有了余款。如今她的养殖厂已成为当地的"龙头大户"。

"自己一人富了不算富，大家富才是富。"和秀芳是这么说的，更是这么做的。她倾其所有，倾其所能，带领乡亲们在致富奔小康的路上前行。和秀芳养猪成功的消息很快在全镇传开了，很多养殖户慕名而来向她学习养殖技术，她都将养猪经验和技术毫不保留地倾囊相授。为了乡亲们能尽快脱贫致富，她还经常主动上门指导，帮助养殖户解决养殖中的困难和问题，同时，利用自己掌握的养猪实用技术，积极开展全镇生猪养殖扶贫项目技术培训，成为全镇先进示范养殖带头人，带动了当地许多群众脱贫致富，受到了广大干部群众的一致好评。

自 2016 年担任丹珠村村委会副主任以来，和秀芳坚信，要想致富就必须要发展村集体经济，于是她因地制宜，带领村民种起了草果。目前，全村草果种植面积已达 1.3 万亩，挂果面积达 0.7 万亩，预计产量达到 840 吨、收入达到 700 万元。在养殖生猪和种植草果的同时，依托上级党委政府和各部门的支持，带领村民进一步发展种植业，不断扩大核桃、漆树、羊肚菌、白及等种植面积，现已初具规模并开始产生效益。

产业发展起来了，但如何扩大生产效益？这一直是摆在她面前的难题。为此，她与村"两委"班子不断走访、考察研究，努力为村民的增收搭建平台，建起了丹珠村草果加工厂。经过一段时间的艰苦劳作，收获了第一笔村集体经济 3 万元。2017 年，在她的协调下，共向全村村民发放草果苗 56000 苗、仔猪 253 头；向公路一线四个小组的建档立卡户发放百合种子 200 袋；向木腊小组及打所小组部分农户发放刺龙苞苗 100 亩、蜂箱 120 箱，配套发放石棉瓦 120 张、水泥 15 袋；向全村村民发放有机肥 3710 袋；发展羊肚菌种植 8 亩。

如今的丹珠村，村集体经济不断壮大，种植、养殖产业已经从零星分布向规模化迈进。截至 2018 年，丹珠村人均纯收入达 9375 元，与 2017 年相比，人均纯收入增加了 593 元。2018 年，和秀芳同志按照新时期现代农业的发展要求，在丹珠村区域内创建了一处科技示范性强、经营规模相对较大、综合效益好、示范带动性强的巾帼农业示范基地——贡山县 6 亩羊肚菌标准化种植基地建设项目。该项目于 2018 年 10 月开始，在贡山县茨开镇丹珠村妇联建设羊肚菌标准化种植基地，种植羊肚菌 6 亩。依托基地，半年内培训 180 多名农村妇女，辐射带动 320 名农村妇女增收致富。同时，结对帮扶建档立卡户贫困妇女 180 人。

春水初生，春林初盛，羊肚菌伴随着春天的步伐，争相出菌，每天都有近 200 斤的羊肚菌在成长。截至 2019 年 3 月 7 日，在和秀芳同志的带领下，丹珠村妇联种植的羊肚菌已创收 37630 元的妇联经费。

羊肚菌还在不断出菌，销售范围还在不断扩大，收益还在不断增加。通过示范基地的创建，坚信在和秀芳同志的带领下，羊肚菌产业将被培育成丹珠村继草果之后的又一特色产业。

作为茨开镇丹珠村村委会副主任，她恪守职业道德，热爱自己的岗位，对工作认真负责。多年来，村里从来没有发生过一起因村里办事不公引发的上访事件。丹珠村离县城比较近，流动人口、外出务工人口多，计划生育工作开展起来非常艰难。和秀芳积极热情地开展工作，将计生政策宣传到人，她从一个户到一个组再到整个村不厌其烦地对全村所有的育龄妇女逐人逐户登记造册，重新核对订婚、结婚、怀孕、生育等信息，白天不在家，晚上再登门。在她的积极热情工作下，现在村里的婚育风气正派。她还热爱文艺，积极组织活动，在她的辛苦努力引导下，丹珠村老年协会在 2017 年贡山县"敬老月"系列活动老年合唱比赛中获得一等奖。和秀芳还经常在村里进行入户查看民情，努力学习宣传并认真贯彻执行党的路线、方针、政策积极带领全村群众发展经济、奔小康，在发展本村农业，巩固基础设施建设，改变村容村貌，提高村民素质，改善村级经济状况等方面作出了突出的贡献。端正的工作态度，严守工作纪律，树立了不骄不躁、扎实肯干的工作作风，不断增强工作的主动性和用心性，应对文字综合工作事务杂、任务重的工作性质，做到了"眼勤、嘴勤、手勤、腿勤"，以高度的职责感、使命感和工作热情，用心负责地开展工作。同时，能够以制度、纪律规范自己的一切言行，严格遵守机关各项规章制度，尊重领导，团结同志，谦虚谨慎，主动理解来自各方面的意见，不断改善工作，认真开展批评和自我批评，虚心听取领导和同事的意见，保持了良好的工作人员形象，坚持做到了不利于政府形象的事不做，不利于政府形象的话不说，用心维护政府的良好形象。

一分耕耘，一分收获。和秀芳从一名普通的农村妇女，成为茨开镇的致富女能手，凭着自己的勤劳能干和一股子韧劲，历经寒暑春秋，饱尝酸甜苦辣，用顽强拼搏的斗志和致富不忘乡亲的无私情怀，博得了全镇广大群众的认可。2016 年至 2018 年，她先后被上级党委、政府评为"农村致富带头人""巾帼致富能手""巾帼建功标兵"等称号。

三、背上背包，不做妈妈 100 天

——访"背包工作队"队员波玉花警官

当调研组接到下午要采访这位背包工作者的消息时，说实话，我们有些紧张和激动。虽然没有见面，但是她的事迹已足以让我们震撼。波玉花是土生土长的福贡傈僳族人，毕业后就一直在县城公安局工作，是一名基层民警，也是一位有着 10 岁儿子的妈妈。

脱贫攻坚，我来报名

为了攻克易地扶贫搬迁任务，让贫困群众尽早下山，2019 年 2 月 16 日，深度贫困地区的怒江州福贡县举行"百日歼灭战"暨"背包工作队"动员大会，作为一名民警的波玉花听着动员内容，心里已暗暗下了决心。会议一结束，波玉花没来得及和家里商量，就主动报名参加。

问及为何如此坚定时，她满脸自信地解释道，一是因为自己精通傈僳语，有信心将政策准确传递；二是因为自己作为一位基层民警，有丰富的工作实践经验；三是脱贫攻坚是大事，作为党员她必须出列。然而我们最想知道的其实是她为何能如此不假思索地放下家庭和 10 岁的孩子，难道没有留

164

恋和牵挂？她轻描淡写地说："我离开孩子也就是 100 天，可对山上的人来说，是一辈子。"

第二天，举行完出征仪式后，波玉花作为阿打村"背包工作队"第四组组长当天就踏上了上山的路。一个装着简单随身物品的背包，没有更多的空间去承载对家人孩子的牵挂，这一刻，她不再是妈妈，而仅仅是一位要打攻坚战的民警"战士"。

设身处地灵活施策，十天成就 44 户

阿打村垂直海拔落差大，村民分散在整个山坡上，波玉花每天需要爬 2 个小时上山给村民做工作，晚上还要爬下山到村委会所在地休息。更困难的是，上山后，波玉花发现，发动群众搬迁的工作远远大于预想。由于阿打村地处偏远，外界信息接触少，村民对政策不了解，对搬迁后的生活充满担心和恐惧，害怕养活不了自己。尤其是老年一辈，有的一生没下过山，更别提搬迁了；还有的舍不得自己的土地，舍不得原来的老房子，舍不得大半辈子熟悉的环境和习惯；还有的头一天答应搬迁，第二天媳妇就找来反悔……面对一系列问题，波玉花静下心来，将出现的问题进行归类，一一找到对应方案，进行精准对接。首先，一户一户地进行政策宣传，把优惠政策都用最通俗的话讲给他们听，一遍不行两遍，两遍不行三遍，直到他们听懂为止。

对于思想比较封闭的老年群体，波玉花就从子女后辈教育入手，劝说他们为了让后代受到更好的教育也应该搬迁。波玉花回忆，有位老大爷，一直和儿子相依为命，脾气耿直倔强，说什么也不愿意搬迁，儿子孝顺也尊重父亲意愿，波玉花见此情景，就耐心地一遍一遍给老人讲孩子上学的重要性，给老人翻看县城小朋友上学的照片和视频，老人的小孙子马上也到上学的年龄，老人听着逐渐动容了，跟着波玉花领到了房卡，也走出了心里的担心和固执。

　　对于担心产业发展的群体，波玉花通过对比的方式，举一些发展好的例子让他们对未来充满信心，波玉花用鼓劲的语气对他们说："国家给我们盖了房子，买了家具，还给我们建了扶贫车间可以挣钱，我们这样有什么理由不好好干呢？"对于一些反悔的农户，波玉花耐心地对他们说："这个搬迁房卡我可以给您保留，您可以多考虑一会，新房子会给您留着"，然后抓紧时间继续做思想工作，让群众表达自己的想法，解开心结。波玉花每天满脑子都是如何说动群众认识到易地扶贫搬迁政策的好处，白天去贫困户家里说，晚上发微信说，还会发动贫困户的亲戚、朋友进行多角度劝说。短短十天波玉花说动了 44 户贫困户顺利拿到搬迁房卡，波玉花团队拿下了超高效率的喜人成绩。经过 100 天的奋战，波玉花团队总共帮助 357 人完成易地扶贫搬迁工作，当回忆起这个过程时，波玉花感慨道："感谢脱贫攻坚，让我做了这么有意义的一件事情。"

情系群众，困难不难

　　当问到在这 100 天里最大的困难是什么时，我们并没有得到答案，波玉花又讲起了山上老百姓之前面临的种种困难。当我们问到在劝说中，如果群众不理解或坚决不同意怎么办，她淡淡地笑着说，即使不理解，他们也都会感受到善意，再回馈善意。即使因居住条件达标留在本村的未搬迁户，每次见到，都会拉着波玉花说，"这是我闺女"。她把老百姓当作家人，老百姓也把她当作亲人。她回忆道，有位大姐搬迁下来在安置点附近摆了烧烤摊，有次见到她激动地拉着手像是久违的姐妹。波玉花说，看到他们发展得这么好，内心又欣慰又满足。这 100 天不仅仅是一项工作，更像是真诚的交往，波玉花不仅仅带着任务，也带着真诚和善良，让搬迁有了温度。

借妈妈 100 天

当谈到工作期间孩子照顾的问题时，波玉花苦笑着说道，身为公安的丈夫也经常加班，孩子只能在奶奶家居住，这三个月时间学习受到很大影响，已经从前十名掉到中后排名。没等我们开口，她继续说道，这都是暂时的，成绩掉了可以后期补回来，照顾不好可以后期好好补偿，但是如果 100 天错过了搬迁，对山上的群众来说就是一辈子的事情，孰轻孰重一定要清楚。她笑着说，就当是借了妈妈 100 天吧。

聊天结束后，波玉花匆匆忙忙地起身要回家给孩子做饭辅导作业，看着她焦急走远的背影，我们分明看到一位装满着关爱的妈妈。100 天，妈妈的爱从未离开，对群众的爱也从未走远。

四、遇见博士预见科技兴农美好未来

——记云南省农业科学院热经所党委书记李进学

"他像种子一样扎根在农村，带着乡亲们'科技兴农'，他手把手做示范，做给农民看、带着农民干，建设怒江远近闻名的'多多橘橼'，让这片热土春华秋实"，这是 2020 年 10 月 16 日隆重召开的怒江州脱贫攻坚奖表彰大会上对李进学的颁奖词。李进学，云南省农业科学院热经所党委书记、云南省创新人才培养对象、云南省第十二届政协委员、"云南青年五四奖章"获得者。2019 年 2 月 25 日，如此优秀的李进学作为省委下派怒江州帮助脱贫攻坚工作队队员，抵达怒江州泸水市老窝镇，挂职任老窝镇党委委员、副书记，也正是从这一天，开启了"老窝"变"金窝"的序幕，让科技的星光在怒江的山山水水间熠熠生辉。

坚守绿色理念，科学分析研判，改建高质量果园

老窝镇位于怒江州泸水市，坡陡石峭，土壤贫瘠，"春撒一片坡，秋收一箩筐"，虽然有着悠久的种植柑橘和香橼的历史，但原有的种植技术和品种相对落后、外观品质差、产量低、口感弱化、市场接受度逐年下降。在抵

168

达怒江的第二天，李进学就出现在老窝镇的柑橘园里，他发现存在种苗带毒、实生种苗、缺乏科学修剪、病虫害严重等太多问题，因此改建高质量果园成为首要任务。

如何改建呢？依据当地光照充足、年温差小、日温差大、紫外线辐射强、积温高等的气候特征，以及"两山一水"的地理条件，国家现代柑橘产业技术体系首席科学家邓秀新院士给出了"发展晚熟柑橘（沃柑）种植"的精准建议，结合老窝镇海拔 1600 米，产出的沃柑与市场上的类似竞品错季成熟，可为贫困群众带来了可观的经济效益。

2019 年 5 月，李进学与老窝镇党委书记张瑞荣几番思考，寻找了关键性的人，老窝村党总支书记左雪锋，这位群众信赖的书记愿意自筹 40 万元，率先开始了首期的试验，从 25 个不同的品种中挑选出最适合老窝镇种植的苗株，引进新的沃柑品种和全新种植技术，在流转的 30 亩土地上种上了沃柑。

不同于传统的峡谷农业，基地在孕育之初就插上了科技的翅膀。挖掘机改良土壤种树、无人机喷药，还引进了"水肥一体化"的智能管理、远程墒情监测、地下墒情监测和病虫害监测。您能想象吗？在家点点鼠标或手机APP，就可以完成指定区块的浇水、施肥等工作，果树所需的水、肥，经智能灌溉管理系统，能精准送到每棵树下；果园的实时空气温度、空气湿度、土壤温度、土壤湿度等数据和病虫害情况，可精准传输到电脑、手机等终端；果园出现病虫害，系统会自动记录，为植保提供科学决策，指导绿色预警防控，提醒农民及时止损。

就地开发利用荒废土地。当地地貌复杂多样，既有高山陡坡、冲积堆，也有喀斯特地貌……几乎囊括怒江大峡谷所有地形地貌类型。李进学坚信山水林田湖草是生命共同体，对大面积荒废土地进行了就地改造，将复杂多样的地形改造成为果树种植的多元实验条件，不管是荒坡还是石缝，均保证了沃柑种植的"六个标准"——1 棵健康种苗、2 条滴管出水口、土壤有机质含量达 3%、每棵树拥有 4 立方米的土壤空间、果园进入投产后每棵树当季产量达 50 公斤以上、每亩地纯利润达 6000 元以上，在峡谷石缝种出智慧果园。

李进学带领团队把最先进的种植技术引入，让直过民族从"刀耕火种"一步跃入现代农业，生动诠释了科技扶贫的力量。因为技术投入量高，可减少 15% 左右的肥料用量，减少 30% 以上的劳动量，每亩增收 800—1500 元。在几个月的时间里，从基地规划、种植、园艺管理到优质种苗、水肥一体化的智慧果园打造，他几乎把所有时间都"泡"在了基地上。管线布局、水肥比例调配、喷灌频率、严格的管理、精细的养护，沃柑长势"汹汹"，大家信心满满。结合怒江州"生态建设巩固脱贫成果"行动，他继续在 300 亩柑橘果园套种 150 亩特色药食兼用菊，实现以短补长，提早收益，开展果药"柑菊"生态复合种植技术集成示范与推广，在柑橘果园实现"1+1 > 2"的生态复合种植模式。如今，果园不仅成为美丽的花海，更是百姓们学习种植技术的"田间学校"。

守正创新、调动资源、协调各方，科学构建"老窝模式"

就这样，老窝村 30 亩柑橘示范基地建设取得初步成功，3 个月后发展到 80 亩。2020 年 5 月，在省委下派怒江州帮助脱贫攻坚工作队、省扶贫办、泸水市委市政府的支持下，李进学主动牵线搭桥引入了知名电商平台拼多多，在怒江州无偿资助 225 万元，在老窝镇老窝村成立泸水橘橼扶贫专业合作社，建设"多多橘橼"扶贫兴农示范项目，打造泸水市乡村振兴沃柑示范基地，种植面积由 80 亩增加到 300 亩。

通过多次沟通、多层面探讨思考，这片示范基地构建了"基层党建＋特色农产品＋电商平台＋新农人＋合作社＋科技"的"六位一体"运营模式，即以镇党委书记、镇长一把手组建工作领导指挥小组，筑牢基层党建架构，党旗插在哪里、扶贫产业就壮大到哪里；因地制宜，选择适宜发展的特色晚熟柑橘、香橼和菊花；与电商平台拼多多进行由浅至深的合作；挖掘自身潜力，培养产业发展所需要的新农人、致富带头人；组建专业合作社，社员在前6年仅限建档立卡户，6年后利益分配扩大至全体村民；以云南省农业科学院热经所、邓秀新院士团队平台，联合国家现代柑橘产业技术体系及产业发展的相关国内知名专家团队，提供技术支撑保障。

最可圈可点的在于与时俱进的利益联结机制和社会化公平公开绩效考核分配模式。如图2所示，300亩的果园，由拼多多、泸水市农业农村局、新型经营主体一共投入了565万元，囊括了从园区建设至前3年的运营经费及拼多多资助成立的橘橼扶贫合作社，平均每户17046元，共132户，225万元的社员入股资金。之所以要把前3年的运营费用提前考虑，是因为沃柑3年后才进入投产期。创新性提出社会化公平公开绩效考核分配模式，在前6年是2∶4∶2∶2，其中20%作为新农人的业绩激励、40%归属建档立卡户、20%用于支持村集体公共事务发展、20%留存合作社再发展。从第7年开始，随着建档立卡户实现稳定巩固脱贫，将收益分配调整为2∶6∶2的社会化公平公开绩效考核分配模式，即20%为新农人的业绩激励、60%归属村集体、20%用于合作社留存发展。享有年终盈余分配，及与其相匹配的参与合作社重大事务的表决权和选举权。值得一提的是，其中用于村集体公共事务发展和给建档立卡户的收益份额，并非平均分配给每一户每个人，而是将乡村治理、人居环境、子女教育等纳入积分考核，构建起更为精细的利润分配新机制。

这一"老窝模式"在帮助贫困户全部脱贫的过程中，不断壮大了村集体经济，同时将分配模式考核机制延伸到新时代的社会治理，有效杜绝了吃大锅饭、养懒汉，实现劳有所得、多劳多得，有效激发了群众内生动力，产生了"搭台子、选路子、做样子、传带子、增票子、美村子"的"六子效应"，引导全村走向特色农业发展的乡村振兴之路，实现精准扶贫与乡村振兴的有机衔接。

如今，曾经贫瘠的土地已橘绿葱葱、彩菊绽放；老百姓不再诧异橘树为什么像喝了牛奶似的成长；老百姓与柑橘专家团队结下了深厚的友谊；明白了橘园套种菊花一亩当几亩收；明白了用手机点一点，一人可管理百亩果园；越来越多的老百姓自信满满挥洒汗水，待盼来年丰收，感恩这个脱贫好时代……

秉持开放和共享理念，服务泸水，贡献怒江

"老窝模式"已成为脱贫攻坚与乡村振兴有效衔接的生动实践，以看得见摸得着的果苗、菊花、先进管理规范和真真切切感受得到的利益联结机制，实现了看得见的产业建设和看不见的思想观念、内生动力双脱贫，实现了科学化、标准化、现代化的生态建设和园区管控，实现了乡风文明、治理有效，实现了增绿与增效、生态与生计并重。

这个项目不仅给老百姓带来了希望，"多多橘橼"成为老百姓村寨边的培训学校，来访参观学习的合作社、种植大户、农民达 6000 人次，村里开起了农家乐，很多路过的市民或者游客被漫山遍野的菊花吸引，或来拍照、或来采摘、或来写生，村子里的人气越来越旺；更让政府和社会看到了乡村振兴的模样，建园以来，国家、省、州、市等近 20 家单位部门、60 余家公司来参观调研，为偏远的深度贫困地区能有如此先进的现代特色农业而震惊，为构建起更加有效、更加长效的利益联结机制而赞叹。一年多来，李进学成了远近闻名的"大红人"和"大忙人"，指导和技术培训 1140 余人次，足迹印在了泸水市内约三分之二的村庄，带领云南省农业科学院柑橘团队培训泸水群众 520 余人次。如今，泸水市委、市政府把柑橘产业作为"一县一业"的重要产业来发展，"多多橘橼"已经辐射带动了怒江泸水、福贡、兰坪几个县的柑橘种植技术的提升，发展面积达 7900 余亩。

习近平总书记说，抓工作，要有雄心壮志，更要有科学态度。在李进学博士的身上，我们看到了科研工作者的科学态度、专业力量和长远眼光，看到了新发展理念在老窝的落地生根，看到了把科技成果直接手把手交给农民的画面，看到了以人民为中心的新型乡村治理体系，看到了乡村全面振兴的美好愿景在怒江大峡谷形成生动实践。下一步，"老窝模式"将结合市场运作，增加或减少要素，成为"老窝模式 +"，继续推动产业向原生态特色化、高端化、数字化、融合化发展，成为一二三产业融合发展新格局的典范，成为泸水市、怒江州乃至全国脱贫攻坚与乡村振兴有机衔接的怒江样本。

附录二　典型案例

一、健康扶贫托起生命希望

　　健康扶贫不仅仅是关切贫困家庭的健康，更是点亮了未来。推进健康扶贫，对于保障贫困人口享有基本医疗卫生服务，推进健康马吉乡建设，防止因病致贫、因病返贫，实现到2020年农村贫困人口全面脱贫具有重要意义。

　　阿珍花是两个孩子的妈妈，傈僳族少女，10月19日，她来到怒江傈僳族自治州人民医院妇科，给她的主治医师和吉娣献上了一面锦旗。

　　为何她要送上一面锦旗呢？8月中旬的一天，阿珍花由于身体不适来到怒江州医院就诊，经过漫长的等待，她被确诊为宫颈鳞状细胞癌1a2期，一个生活在大山中的傈僳族女人根本不知道这是一种什么病，只有无助和害怕。阿珍花是两个年幼孩子的妈妈，还有一个身体残疾的丈夫，整个家都是靠她支撑，如何渡过难关，如何健康地照顾孩子和丈夫，那时候她脑子乱成一团麻。

　　诊断结果出来后，和医生建议阿珍花去云南省肿瘤医院治疗，因为怒江州的治疗技术尚不完善，为了能够让她更健康地活下去，和医生建议她去昆明。昆明市距离怒江州有550多公里，阿珍花跟昆明市的距离不仅仅是这550多公里，更重要的是她语言不通，去昆明市找谁、如何在省会出行、挂号、去哪里找钱等等。她自己都不知道如何是好。

在她最艰难的时候，想到了来自昆明市的前任驻村工作队队长龚霞说过："有困难就来找工作队。"就这样，通过村民小组长普友博的联系，这位昔日的驻村工作队长了解到阿珍花的情况后，给阿珍花订了酒店，联系了福贡县到昆明市的汽车，让司机把她送到指定位置。见面后，因专家周一才上班，龚霞利用周末带着他们游览了周边景点、品尝了特色美食，悉心照顾着远道而来的马吉米亲人，希望以此减轻疾病给他们带来的心理负担。周一，龚霞专门向单位请假，一大早便带着阿珍花来到了云南省肿瘤医院。

云南省肿瘤医院的张红平主任针对检查结果制订了初步治疗计划，看着年纪尚小的病人，心中深感怜悯，考虑到病人来自怒江大山深处，又是建档立卡贫困户、家庭条件差等情况，张主任决定向院里申请，带着助手前往怒江州为病人进行手术治疗，她表示当前脱贫攻坚任务重，为了取得脱贫攻坚的全面胜利，很多同志都奋战在脱贫一线，作为医生她也希望能为脱贫攻坚出把力。并安慰病人不要担心，医院会帮着把病治好。听到这样的话，阿珍花夫妇喜极而泣，长期以来压在心里的大石头终于得到释怀，只会不停地说着感谢医生、感谢医生。

在福贡县驻村扶贫工作队总队长的协调下，怒江州人民医院院长表示，将全力配合此次医疗救助工作，为本次救助提供全面的医疗资源保障。来自云南省疾控中心、昆明市延安医院驻福贡县的医务工作者，也纷纷伸出了援手，多方协调医疗资源。怒江州妇联按照《云南"两癌"贫困妇女救助项目》计划，为病人申请办理"两癌"专项救助金，用心、用情为贫困群众减轻医疗负担，让群众深深感受到了党委政府给予群众的深切关怀。

9月6日，阿珍花经过4个小时的手术，被平稳地推出手术室，手术很成功。10月19日，痊愈的阿珍花再一次来到怒江傈僳族自治州人民医院，献上锦旗。阿珍花说："这次治疗总共需要27500元，我自己只出了2700元。"和吉娣医生还为阿珍花办理了"特殊病"认定，以便阿珍花能够在后续检查中享受与住院病人同等比例的费用报销。

可以说，阿珍花不是怒江第一个宫颈癌患者，但她却是最幸运的一个。"上善若水、大爱无疆"，四面八方伸出的援手汇聚一处，托起了贫困群众生的希望。

二、东西协作共筑甜蜜事业

——"鱼渔"双授"蜂"富怒江

怒江州集深度贫困与资源丰富于一体。如何在保护环境的同时发挥自然资源优势推进脱贫攻坚，是怒江州党委政府一直探索的课题。通过实地调研，珠海驻怒江州工作组发现怒江丰富的植物资源是养殖中华蜂的天然优势，当地村民有养殖中华蜂的传统，截至 2018 年初全州保有的 3.6 万箱蜂群几乎全部是传统的树桶养蜂。怒江州根据脱贫攻坚需要，制定了到 2020 年完成 20 万群中华蜂养殖规模的产业发展规划，但传统的自然分蜂、毁巢取蜜的树桶养蜂模式，要在 3 年内完成 20 万箱中华蜂养殖目标，几乎没有可能。

在广泛听取广东和云南养蜂专家的意见后，走访怒江中蜂养殖合作社和蜂蜜加工企业，同时吸取过往帮扶工作中简单发蜂发箱的教训，珠海工作组决定在全州开展中华蜂活框养殖的培训及帮扶工作，并于 2018 年 5 月引进具有专业养蜂团队的珠海市何伯农业科技有限公司，在全州四县（市）开展中华蜂活框养殖项目。

主要做法

一是建立扩繁基地繁育本地蜂群。与本地企业合作，在三个县（市）分别建立怒江本地中华蜂扩繁基地，采用怒江本地中华蜂群移虫育王，既保护本地中华蜂种群，又提高蜂群扩繁速度，为全州养殖点蜂群供应提供保障。

二是摸清蜜粉源确定养殖培训点。派出专业团队深入怒江峡谷收集各村环境条件、蜜粉源分布、贫困户数等基础信息，准确评估各村养殖条件、蜂群承载量及带贫模式，以行政村为单位选择中蜂养殖培训点。编制适合怒江群众的养蜂技术培训教材，养蜂技术人员随蜂群前往各村的养殖培训点，驻场开展 3 个月手把手强化培训，传授蜜源识别、蜂场选择、育王分蜂、病虫害防治、合理取蜜等全套活框养蜂技术，确保每位学员成为合格的养蜂人。3 个月驻场教学后，继续开展 9 个月巡回技术指导，每月每个点巡回指导一次，解决各养殖点遇到的问题，保障 12 个月内蜂群 100% 成活率。

三是规范养殖方式带动贫困户增收。3 个月强化培训后，蜂群移交当地村委会，村委会可选择三种养殖方式：村集体养殖。养蜂收入按照村集体和建档立卡贫困户各 50% 进行分配。村集体的 50% 收入用于养殖点管理人员工资和相关养蜂繁蜂材料，另 50% 收入分配给不少于 20 户参与养蜂劳务的建档立卡贫困户。承包养殖。村委会将蜂群承包给合作社或个人，承包人在承包期满后返还村委会等量成活蜂群，每年的承包收入分配给不少于 20 户参与养蜂劳务的建档立卡贫困户。贫困户养殖。村委会根据脱贫攻坚需要，将蜂群分发给建档立卡贫困户个人养殖，养蜂收入归养殖户所有。

四是保底价收购保障蜂蜜销售。企业对各养殖点生产的蜂蜜提供保底价收购，养殖点既可以按市场价格自行对外销售，也可以按照保底价销售给帮扶企业，保障贫困户养蜂收益。

帮扶成效

按照每个养殖点带动不少于 20 户的计算，现有项目可直接带动至少 2440 户 9000 多名建档立卡贫困人口增收。保守计算，每群蜂年产蜜 10 斤，按保底价 50 元 / 斤收购，每群蜂年蜂蜜收入在 500 元以上，根据帮扶方案每户建档立卡贫困户至少可享有 5 群中华蜂，每户每年可增收 2500 元以上。下一步，珠海工作组计划在全州所有 255 个行政村布点开展中蜂养殖，以做大做强怒江中华蜂产业。

经验总结

一是寻找符合怒江州实际的产业帮扶模式。经过不断的探索与实践，针对怒江州高山峡谷、耕地少、交通差、市场发育不完善的实际，结合怒江州自然资源禀赋和脱贫攻坚需要，摸索出"分散布点养殖、突出技能传授、保障产品销售"的中华蜂活框养殖产业帮扶模式。

二是将扶贫与扶志扶智相结合，授以鱼更授以渔。除帮扶蜂箱、蜂群、摇蜜机等养蜂资产外，更关键的是派驻专业技术人员，开展 12 个月技术培训和指导，不仅让贫困群众有了发展的物质基础，还拥有了发展所需的技术与信心。

三是紧抓市场保障产品销售。提供保底收购价，帮助农民解决市场销售问题，增强其寻求发展的信心。

珠海养蜂人积极发扬"勤劳、团结、无私奉献"的蜜蜂精神，行走在高山峡谷，把活框养蜂技术带进怒江村寨，帮助怒江州用小蜜蜂撬动大产业，助力当地贫困群众增收脱贫，成就了怒江州甜蜜事业。

三、警民亲如一家，合力攻坚脱贫

——贡山县独龙江边境派出所案例

2020 年 10 月 25 日，调研组走进具有光荣历史传统，同时荣获 2019 年公安部首批"枫桥式"公安派出所等系列荣誉的贡山县独龙江边境派出所。极边之地上，他们守望相助，"缺条件但不缺斗志、不缺精神"。边境派出所不畏艰苦，戍卫边疆，服务人民，与当地群众一起合力打赢脱贫攻坚战，他们的精神深深打动着我们。

光荣历史及优良传统

1952 年派出所进驻独龙江，先后有 8 名同志为保卫独龙江、建设独龙江献出了宝贵的生命。2010 年解放军和武警进行了防务交接，中间也有多次防务交接过。多年来，派出所民警在守护一方安宁的同时，热心为当地百姓教书、看病、理发，帮助他们脱贫致富。一代又一代戍边人干革命不讲条件、保边疆为国献身，听党指挥、绝对忠诚，不畏艰险、无私奉献，始终把边疆繁荣稳定和边疆群众福祉放在心中的最高位置，将"扎根独龙江、一心为人民"的独龙卫士精神践行在独龙江乡整族脱贫攻坚中、执勤执法中、巡边固防中。早在 1964 年，驻扎在这里的部队官兵们带领群众砸石头、扛木料，搭起一间简易教室，办起了独龙江乡第一所学校——马库军民小学，后来改称"马库警民小学"。从这个学校毕业的学生，先后有 162 人读到了高中，10 人考上了大学。历史上，独龙江乡缺医少药。派出所配备有医务人员，于是组建了义务医疗小分队，走村串寨给老百姓看病拿药。马库村的花甲老人马国新，先后被边防官兵救过 3 次命：1983 年和 1996 年，他被毒蛇咬伤，边防战士潘世德、李新分别用嘴为他吸出毒液；2002 年，他砍柴时误伤小腿动脉、失血很多，又是边防战士龙内清连夜对他进行抢救。独龙江乡从来没有过理发店，早年影像资料中，当地群众几乎全是"蘑菇头"发型，头发长了用砍刀把头发绞断。后来，边防官兵成了群众的义务"理发师"。由于恶劣的自然条件，千百年来，独龙族民众生活贫困。2006 年，派出所在巴坡村建起了第一个蔬菜大棚。试种成功后，边防官兵向当地群众手把手传授大棚蔬菜种植技术。派出所民警发展生产、捐资助学、结对帮扶，扶贫成为派出所的重要工作，现在是 1 个民警、2 个辅警挂联 2 户老百姓。

脱贫攻坚中的变化

贡山县独龙江边境派出所副所长由牛明介绍，感触最深的变化就是群众遵纪守法的意识得到增强，矛盾纠纷明显下降。邻里、家庭纠纷、矛盾的减少主要得益于整体素质的提升。由于道路、住房、厕所等基建得到加强，同时国家政策的积极宣传，作为直过民族，人民幸福感上去了，自然就和谐了，这是从量变到质变的过程，也是多方努力的结果。

主要脱贫帮扶措施

一是 2020 年春节开始进行帮助老百姓整理内务、提升村庄整洁程度的行动，主要经历了 3 个阶段：第一个阶段是我们做、他们看。由于是部队体制转过来，擅长进行内务整理、扫除等，每周二、四去老百姓家里帮忙进行内务整理、物品摆放，过去他们并未注重养成整理清扫的习惯。第二个阶段是带着他们一起干。我们手把手地教，老百姓逐步自己学会养成习惯。第三个阶段是督促，隔一段时间看一看，看是否养成好的生活习惯。直到现在，仍保持一周两次去村里，经常帮行动不便的老人打扫卫生。二是为维护治安环境作出贡献，力所能及地为老百姓解决困难。每村的驻村民警都会积极进行法律宣传，今年也因为疫情担任疫情防控的职责。三是组成彩虹服务队。以"一切为了群众，为了一切群众，为了群众一切"为宗旨，主要工作内容包括：法律法规、党的政策宣传，上门办证、送证，关爱老人、关爱学生，提供理发服务，脱贫攻坚宣传，一标三实信息采集，方针政策宣传，法律法规教育，对老、弱、病、残等特殊人群进行关心关爱，外来游客服务，辖区群众解难帮困。服务形式多样，包括建立微信群，上门走访、慰问等。以微信服务群为例，针对老百姓的工作重点是户籍、治安，针对行业部门的是特种行业和娱乐场所。为了方便老百姓，驻村民警会首先解决相关问题，解决不了的也会联系派出所进行及时处理。

"5·25 特大泥石流"灾害发生后，5 月 25 日—6 月 5 日，部分人员被困在马库，派出所主要做了四方面工作：一是观察周围环境及地质灾害隐患点，二是统计群众受灾情况，三是入户了解情况并安抚群众，四是派人走路去乡政府汇报当地情况。认为重大灾害的启示有四点：一是需要对容易发生灾害的隐患点进行排查，特别是群众集中居住的区域；二是需要与气象部门及时沟通，建立预警机制；三是做好物资储备工作；四是用水管网等硬件设施有待加固。

派出所因为工作成绩突出，获得 2019 年公安部首批"枫桥式"公安派出所等系列荣誉。尽管如此，他们认为工作还需要更细致，民警个人素质需要继续提升，工作方法需要更灵活，对法律熟悉程度也要提升。

四、听从时代召唤办好普职融合班

——福贡县普职教育融合班案例

福贡县教育基础薄弱，贫困制约因素较大，截至 2019 年末，全县 57 个贫困村中有 27 个贫困村出列，还剩余 30 个贫困村、4176 户 18883 人贫困人口未脱贫，贫困发生率从 2018 年末的 44.99% 降至 22.55%。全县共办有各级各类学校 149 所，其中完全中学 1 所，初级中学 4 所，小学 14 所，教学点 1 个，幼儿园 129 所，全县教职工 1126 人。全县在校学生 20893 人，其中建档立卡贫困家庭学生 13176 人。2019—2020 学年度，全县学前三年毛入园率为 65.19%；九年义务教育巩固率为 87.44%；高中阶段毛入学率为 51.19%。在这种大背景下，开展科学技术教育面临着前所未有的困难。

近年来，福贡县坚持以习近平新时代中国特色社会主义思想为指导，更好发挥职业教育助力脱贫攻坚的重要作用，特别是在攻克深度贫困地区堡垒中的突击作用，以就业脱贫为导向，以职业院校为主阵地，以建档立卡贫困户中有职业教育和技能培训需求的人口为重点，主动出击，积极作为，帮扶贫困人群掌握一技之长，依靠技能实现就业创业带动稳定脱贫。

针对部分失学时间长、年龄大，无法随班就读的特困学生，福贡县与云南冶金高级技工学校签订合作办学协议，统筹基本文化知识教育与职业技能教育双融合，开办"普职教育融合班"。

统筹有力，确保"进得来"

福贡县委、县政府结合当前实际、政策和措施研究决定，学生采取集中安置。县委政府统筹安排，下定决心投入资金264万元，将县委党校进行提升改造，作为集中安置办学点。

用义务教育和职业技能教育相结合的模式，开办的普职教育融合班，在各级各部门的关心支持下，在县委政府的坚强领导下，在各部门的通力协助下，2019年9月10日如期开班了。学校占地面积为7279.16平方米，建筑面积为5337平方米，一栋教学楼：6间教室，10间功能实训室（计算机实训室1间、农村供用电实训室1间、人工智能编程实训室1间、美容美发实训室2间、中餐烹饪实训室1间、摩托车维修实训室1间、棒球加工实训室1间、音乐实训室1间、茶艺实训室1间）。一栋宿舍楼（330个床位），一栋食堂餐厅，一块球场和一块科普教育用地。办有七、八、九3个年级6个教学班，总人数224人。教职工38人：专任教师24人，后勤保障人员14人（保安6人、宿管员2人、炊事员6人）。

保障有力，确保"稳得住"

一是资助有保障：享受每人每日12元的生活补助，营养餐在每人每月80元等教育惠民政策的基础上，再免费提供铺盖、校服、洗漱用具。二是伙食有保障：免费提供一日三餐，实现每餐一荤两素一汤的伙食标准。三是关爱有保障：对学生采取"N对1"责任包保措施，实现"1名县处级领导+1名挂联帮扶责任人+1名包保教师"的"N对1"包保机制。四是学校管理有保障：提升学校管理水平和办学质量，丰富校园文化生活和各类课余活动，使校园成为吸引学生的场所。

管理有力，确保"能发展"

一是普职教育融合班在教学管理上双发力，用心用情用力帮助和教育学生，加强人文关怀、注重心理疏导，强化规矩意识和纪律意识。常规管理注重规范学生日常行为、培养基本生活习惯，常怀感恩之心、常怀感激之情，让学生懂规矩、会感恩、勤劳动、乐学习，扣好人生的第一粒扣子。二是综合考虑学生身心发展水平、兴趣爱好、年龄等因素统筹编班。分析学生学情，制定分班名册，严格按照有关要求认真制定"一校一方案"，根据方案认真实施。普职教育融合班在校学生人数逐步增加并稳定。

协调有力，确保"有安全"

县委、县政府统筹资源，在学校设立警务室，安排民警24小时值班护卫，选派具有丰富管理经验的校长担任融合班负责人，建立了宿舍管理员制度，实行教师24小时宿舍值班制度。组织县公安局、县应急管理局、县消防大队、县自然资源局、县卫健局、县人社局开展法治、消防、安全、卫生、用电用火、自然灾害避险等教育，增强学生安全意识，让学生在安全的环境中学习。严格教学管理，严格请销假制度，加强学生外出、往返家校道路安全教育，教育学生在校外严禁游泳、喝酒、出入夜场、乘坐"黑车"等，确保学生安全。

支持有力，确保"有成效"

得到了中央、省挂钩帮扶单位、东西部帮扶协作单位等部门以及省、州各级领导的大力支持。一是省、州领导多次深入学校调研，与师生面对面交流，查看教学工作开展情况，对普职教育融合班的办学工作给予了充分的肯定与高度的赞誉；二是争取到珠海帮扶项目资金 177.4 万元，用于普职教育融合班的硬件设施建设；三是省教育厅捐助 30 台实训电脑、5 台多功能一体机、1 套智能机；四是依托云南省教育科学研究院的优势资源，开发适合复学学生特点的教材；五是协调云南冶金高级技工学校，选派 3 名教师承担职业技能课程教学工作。

师资有力，确保"能教好"

一是从全县各学校抽调优秀教师 19 名，并由精通傈僳语的老师担任班主任，负责学生的日常管理与思想交流，强化学生心理疏导与纪律管理；二是云南省冶金高级技工学校选派教师 3 名，根据学生意愿和爱好，分组开展美容美发，中餐烹饪教学培训。

课程科学，确保"学得好"

一是增加实用技术课程比重，目前已经建立智能机器人体验室、美容美发培训室、农村供电实训室、中餐烹饪操作台、摩托车维修车间、酒店服务与管理实训室开展实用技术培训；二是积极对接怒江州民族中等职业技术学校，争取获得大力支持，为普职教育融合班完善建立相关专业实训室，并派出专业教师开展课程教学培训。

组织实践，确保"能成长"

在易地扶贫搬迁安置点建立校外实训基地，为职业教育实践教学提供场所，学生到校外实习基地顶岗实习可以将课堂上的学习与工作中的学习结合起来，学生将理论知识应用于工作实践中，然后将工作中遇到的挑战和增长的见识带回课堂，以此帮助学生在学习中的进一步分析与思考，提高他们对知识的渴望，对技能的提升需求。加深对社会生活的认识，体会到与同事建立合作关系的重要性；使学生经受实际工作的锻炼，大大提高他们的责任心和自我判断能力，使他们变得更加成熟。

五、小草果释放大能量　数万群众脱贫致富

——产业扶贫案例

打响脱贫攻坚战以来，怒江州认真贯彻落实"绿水青山就是金山银山"的生态发展理念，立足独特区位和良好资源禀赋优势，围绕念好"山字经"、唱活"林草戏"、打好"生态牌"，逐步培育壮大了区域特色明显的草果产业，闯出了一条坚持"生态优先、绿色发展"的产业扶贫新路子，让红彤彤的小草果摇身成为边疆稳定、百姓脱贫的"金果果"。

产业规划分步落地，开创规模种植新局面。怒江州制定《草果产业发展总体规划（2014—2020）》，各县将发展的目标任务分解到年度、落实到乡镇、细化到村组，引导草果产业科学合理有序发展。一方面采取农户自育苗、政府外调苗、种植户分株移栽等方式，鼓励农户扩大种植面积；另一方面鼓励致富能人、个体工商户、有经济实力和有林地的群众，采取合作、租赁、承包等方式共同发展草果产业。福贡县鼓励草果连片种植，采取"多个农户联合连片，单个农户连片"形式，对农户30亩以上连片种植的，在种苗上优先给予扶持满足。

模式创新精心联结，开启龙头带动新引擎。在充分尊重农户意愿的前提下，坚持内育外联，培育和引进草果龙头企业，发展壮大农民合作社，动员干部能人带头，发挥村党支部引领作用，积极探索"龙头企业＋基地＋电

商平台＋贫困户""党支部＋公司＋合作社＋基地＋贫困户"等经营模式，大力推广股份合作、订单生产、托管生产，引导农企构建租赁联结、股份联结和劳务联结等紧密型利益联结机制，提升草果产业发展组织化水平。目前，全州上规模的草果生产龙头企业 6 家，带动贫困户 3150 户 12200 人；草果专业合作社 36 个，入社农户 1684 户。草果种植户逐渐从"单打独斗"迈向"抱团发展"。

精深加工延伸链条，迈出科技品牌新步伐。围绕做大做强草果产业，怒江州着力延伸产业链，建设怒江大峡谷农副产品加工交易中心，实现了鲜草果就近销售、加工；建设绿色香料产业园区，研发用草果制作手工皂、精油、香水、面膜、混合香料等；将草果开发融入饮食文化，开发出草果酱、草果酒、泡草果及 50 余种"怒江草果宴"菜品；采取"企业＋扶贫车间＋贫困户＋非遗传承"模式，发展草果叶、草果秆编织加工业，打造草果手工艺品牌，实现"变废为宝"。努力打响怒江草果产业名片，注册了"天境怒江"等 39 个草果商标 121 个类别，多渠道、多形式开展草果产品推介，推动怒江草果产品出山出海。

经历脱贫攻坚战的洗礼，怒江州草果种植面积从原来的零星种植发展到规模种植 111.45 万亩，较 2014 年新增 46 万亩，成为全国草果的核心主产区和云南省最大的草果种植区，带动了州内泸水市、福贡县、贡山县 4.31 万户 16.5 万人，其中带动建档立卡贫困户 2.68 万户 8.24 万人（约占全州建档立卡贫困人口的 51%），是全州带动力最强、辐射面最广、贡献率最大的扶贫支柱产业。

不论是从产业培育还是从贫困治理，抑或是从区域经济发展的角度去看，怒江的草果产业都是一个成功案例。这个案例告诉我们，支持贫困地区的扶贫产业发展不仅需要历史耐心和历史契机，更需要立足区域资源禀赋找准产业焦点，促进人才振兴、模式创新、科技融入，推进产业的规模化、组织化、产业化、品牌化、市场化、价值化，让有前景的产业惠及千家万户，益贫带贫广覆盖，最终实现一个产业致富一方百姓。

参考文献

[1] 福贡县委县政府:《福贡县脱贫攻坚材料汇编》,2020 年 10 月。

[2] 贡山县委县政府:《贡山县脱贫攻坚材料汇编》,2020 年 10 月。

[3] 兰坪县委县政府:《兰坪县脱贫攻坚材料汇编》,2020 年 10 月。

[4] 泸水市委市政府:《泸水市脱贫攻坚材料汇编》,2020 年 10 月。

[5] 怒江州扶贫开发领导小组办公室:《怒江州脱贫攻坚典型材料汇编》,2020 年 7 月。

[6] 中共怒江州委宣传部:《中国人民大学开展怒江脱贫攻坚经验调研材料汇编》,2020 年 8 月。

[7] 陈美球:《乡村振兴战略的理论逻辑、科学内涵与实现路径》,《农林经济管理学报》2017 年第 6 期。

[8] 黄承伟:《中国扶贫理论研究论纲》,《华中农业大学学报(社会科学版)》2020 年第 2 期。

[9] 黄承伟:《习近平扶贫思想论纲》,《福建论坛(人文社会科学版)》2018 年第 1 期。

[10] 蒋和平、王克军、杨东群:《我国乡村振兴面临的农村劳动力断代危机与解决的出路》,《江苏大学学报(社会科学版)》2019 年第 1 期。

[11] 蒋和平:《中国特色农业现代化应走什么道路》,《经济学家》2009 年第 10 期。

[12] 金鑫：《美丽乡村建设背景下的传统文化保护》，《重庆社会科学》2018 年第 6 期。

[13] 孔祥智、卢洋啸：《建设生态宜居美丽乡村的五大模式及对策建议——来自 5 省 20 村调研的启示》，《经济纵横》2019 年第 1 期。

[14] 孔祥智等：《乡村振兴的九个维度》，广东人民出版社 2018 年版。

[15] 雷明：《论习近平扶贫攻坚战略思想》，《南京农业大学学报（社会科学版）》2018 年第 1 期。

[16] 李冬慧、乔陆印：《从产业扶贫到产业兴旺：贫困地区产业发展困境与创新趋向》，《求实》2019 年第 6 期。

[17] 李海金、贺青梅：《改革开放以来中国扶贫脱贫的历史进展与发展趋向》，《中共党史研究》2018 年第 8 期。

[18] 廖军华：《乡村振兴视域的传统村落保护与开发》，《改革》2018 年第 4 期。

[19] 刘春腊、徐美、周克杨等：《精准扶贫与生态补偿的对接机制及典型途径——基于林业的案例分析》，《自然资源学报》2019 年第 5 期。

[20] 刘合光：《激活参与主体积极性，大力实施乡村振兴战略》，《农业经济问题》2018 年第 1 期。

[21] 刘焕、秦鹏：《脱贫攻坚与乡村振兴的有机衔接：逻辑、现状和对策》，《中国行政管理》2020 年第 1 期。

[22] 刘继志：《美丽乡村建设的几个关键点》，《人民论坛》2018 年第 22 期。

[23] 刘金龙、金萌萌：《易地移民搬迁能实现"搬得出、稳得住、能致富"吗？——基于陕南 S 县的调查》，《中国农业大学学报（社会科学版）》2020 年第 2 期。

[24] 刘棟子：《乡村振兴战略的全域旅游：一个分析框架》，《改革》2017 年第 12 期。

[25] 刘年艳：《中国乡村振兴理论与实践》，人民出版社 2018 年版。

[26] 刘守英、龙婷玉：《城乡转型的政治经济学》，《政治经济学评论》2020 年第 1 期。

[27] 刘永富：《习近平扶贫思想的形成过程、科学内涵及历史贡献》，《行政管

理改革》2018 年第 9 期。

[28] 刘振伟:《乡村振兴中的农村土地制度改革》,《农业经济问题》2018 年第 9 期。

[29] 柳兰芳:《从"美丽乡村"到"美丽中国"——解析"美丽乡村"的生态意蕴》,《理论月刊》2013 年第 9 期。

[30] 陆益龙:《乡村振兴中农业农村现代化问题》,《中国农业大学学报》2018 年第 3 期。

[31] 慕良泽:《村民自治研究 40 年:理论视角与发展趋向》,《中国农村观察》2018 年第 6 期。

[32] 宋洪远、陈洁等:《决胜全面小康:从脱贫攻坚到乡村振兴》,科学出版社 2020 年版。

[33] 檀学文、李静:《习近平精准扶贫思想的实践深化研究》,《中国农村经济》2017 年第 9 期。

[34] 汪三贵、曾小溪:《打赢脱贫攻坚战的重点和对策》,《经济研究参考》2018 年第 48 期。

[35] 王朝明、张海浪:《精准扶贫、精准脱贫战略思想的理论价值》,《理论与改革》2019 年第 1 期。

[36] 王玉海:《习近平关于扶贫工作重要论述的三维视域》,《理论月刊》2020 年第 2 期。

[37] 夏一璞:《试论精准扶贫的创新价值与实现路径》,《马克思主义研究》2019 年第 1 期。

[38] 燕连福、林中伟:《习近平关于扶贫重要论述蕴含的思维方式探析》,《东岳论丛》2019 年第 8 期。

[39] 章元、李全、黄露露:《习近平精准扶贫论述的理论基础》,《毛泽东邓小平理论研究》2019 年第 2 期。

[40] 郑风田:《习近平精准扶贫思想的内涵与脉络》,《人民论坛》2020 年第 2 期。

后　记

　　云南省怒江州既是"三区三州"深度贫困地区又是边疆地区还是民族地区，集区域性贫困、条件性贫困、素质性贫困于一身，是脱贫攻坚最难啃的"硬骨头"之一。打响脱贫攻坚战以来，在党中央的亲切关怀下，在习近平新时代中国特色社会主义思想的科学指引下，在习近平总书记一次会见、两次回信、一次听取工作汇报的殷殷嘱托下，在各级党委政府的坚强领导下，在社会各界的大力帮助下，在干部群众的攻坚克难、奋力拼搏下，怒江州高质量地完成了脱贫攻坚任务，经济社会发生了翻天覆地的变化，社会形态和文明变迁完成了两个"千年跨越"，怒江人民即将同全国一道全面建成小康社会。

　　在 2020 年打赢脱贫攻坚战的收官之年，党中央提出要做好总结宣传，充分展示脱贫攻坚的伟大成就，为世界减贫事业交流合作提供信息储备，为讲好中国脱贫攻坚故事提供生动素材。在国务院扶贫开发领导小组办公室的支持下，农业农村部农村经济研究中心承担了云南省怒江州脱贫攻坚案例总结工作。

　　为了高质量完成此项工作，2020 年 9 月以来，作为中心主任，我牵头组建课题组并担任组长，带领课题组成员深入学习习近平总书记关于脱贫攻坚的重要论述和重要讲话重要指示批示精神，系统学习党中央、国务院出台的脱贫攻坚系列政策文件，充分收集消化吸收怒江州的相关资料。在此基础上，课题组拟定怒江州脱贫攻坚案例总结的总体框架和主要内容，编写案例总结实施方案，向国务院扶贫办多次汇报并听取修改意见，于10月中旬最终确定了靶向更加明确的写作框架和执行更加有效的实施方案。10月20日至31日，课题组贡山县调研组一行6人到贡山县开展驻扎式调研，与贡山县有关部门开展座谈，先后调研4个乡镇7个村，走访30个贫困户15个新型经营主体，深度访谈15个典型人物。这是课题组开展的第一批次调研，白天进村入户面对面访谈并进行音像和视频等资料采集，晚上召开"碰头会"，分享调研心得体会，会后及时整理当天的调研素材和撰写报告初稿。课题组成员都被怒江干部群众投身脱贫攻坚战的决心、干劲、毅力和怒江州的巨大变化所震撼，情之所至，每一点体会和思考都不愿遗漏遗忘。正因如此，调研组每天都工作到夜里一两点才休息，虽然会很累，但累并快乐着。

　　回京后，贡山县调研组向课题组其他成员分享调研经历、传授调研技巧和点拨注意事项。11月5日至14日，第二批次的泸水市调研组、兰坪县调研组和福贡县调研组共14人分赴怒江州剩余的三个县（市），共调研15个乡(镇)18个村，走访26个贫困户32个新型经营主体，访谈43个典型人物。各组完成调研任务后，于14日下午齐聚怒江州政府，向州委、州政府主要领导和相关部门汇报调研发现，交流怒江州脱贫攻坚的典型经验、重大成就和突出亮点，地方干部和课题组一同深入研讨应当纳入案例总结报告的重要内容。11月16日，课题组赶赴昆明市，跟云南省扶贫办、发改委、教育厅、住建厅、交通厅、农业农村厅、林草局、卫健委、医保局等部门座谈，听取省级部门对怒江州脱贫攻坚案例总结的意见建议。至此，课题组完成了省、州、县、乡镇、村、户的六级调研，为完成好案例总结任务积累了丰富的一手资料。

　　在怒江州，课题组看到的听到的满满都是干部群众全身心投入脱贫攻坚战，"怒江缺条件但不缺精神不缺斗志""苦干实干亲自干"是他们的真实写照。群众脸上的笑容，唱的歌谣无不表达了对党的感谢，发自内心地感谢共产党、感恩总书记，听党话、感党恩、跟党走。用干部的辛苦换来了百姓的幸福。在山里看着背着孩子剥草果的妇女、背着石头上山的老太太，还有带着我们认识各种特色产业作物的朴实农民，既感动又深刻体会到他们对幸福日子的追求。

回顾整个案例总结过程，课题组在调研前充分做好案头研究工作，初步搭建起产业扶贫、教育扶贫、健康扶贫、东西部扶贫协作、易地扶贫搬迁等数个专题报告的写作框架。在调研中，一边访谈收集生动的典型案例，例如福贡县"背包工作队"典型人物波玉花警官、派驻干部云南省农业科学院热经所党委书记李进学博士、基层村官贡山县丙中洛镇双拉村党总支书记王国才等，及时记录下丰富精彩感人的典型人物事迹，形成深度访谈案例，充实专题研究报告。同时，充分利用驻扎调研就近获取案例素材的便利性，及时完成县级调研报告和驻村典型案例报告，把研究总结工作做在前面。调研期间，三个调研组及时汇总分享调研资料，互通有无，每个人都把当天的调研体会和感受写下来汇总记录在册，便于相互交流碰撞启发思路。在调研后，课题组每个人都能共享整套调研资料，根据分工深挖案例素材，修改完善各自的写作报告。经过三个多月的辛勤付出，课题组共完成了怒江州脱贫攻坚案例总结报告1份、政策建议稿1份、专题报告4份、驻扎式县级调研报告4份、村级案例报告4份、深度访谈案例和典型案例20余个。

本书是集体劳动的成果，课题组特别感谢国务院扶贫办有关同志对案例总结工作给予的指导和帮助。衷心感谢云南省扶贫办和怒江州委州政府及州扶贫办给予的大力支持。为确保案例总结工作顺利完成，怒江州纳云德书记亲自部署，工仕平副州长亲自指导，市县党委政府积极协调，乡镇党委政府积极安排，村有关同志和各类访谈对象大力配合，在此一并表示衷心感谢。感谢北京市农村经济研究中心、中国经济信息社有关同志给予的帮助。直接参与怒江州脱贫攻坚案例总结编写工作的人员主要包括金文成、陈洁、刘锐、习银生、王莉、闫辉、杨丽、何安华、张斌、冯丹萌、黄雨、刘帅杰、王鹏飞、杨玉洁、林奕言、张燕、李婷婷、刘芳等。他们本着求真、务实、严谨的精神，呕心沥血，数易其稿，终使本报告得以呈现在读者面前。由于案例总结任务时间紧，加上课题组成员学识有限，报告中难免有疏漏或不周之处，敬请各位同仁批评指正。

脱贫摘帽不是终点，而是新生活、新奋斗的起点。课题组衷心祝愿怒江州干部群众的日子越过越红火，生活越来越幸福，衷心希望怒江州巩固拓展脱贫攻坚成果，接续发力解决相对贫困问题，不断提升农民群众的获得感、幸福感、安全感，衷心期盼怒江州在推进乡村振兴的征程中取得更加骄人的成绩。

金文成

2020 年 12 月

责任编辑：吴广庆

装帧设计：胡欣欣

图书在版编目（CIP）数据

决战决胜脱贫攻坚 一步跨越千年发展 / 中国扶贫发展中心组织编写；
　金文成主编；陈洁，刘锐，何安华副主编 . — 北京：人民出版社，
　2023.7

（中国脱贫攻坚典型案例丛书）

ISBN 978 - 7 - 01 - 025578 - 1

Ⅰ. ①决… Ⅱ. ①金… ②陈… ③刘… ④何… Ⅲ. 扶贫 - 研究报告 -
怒江傈僳族自治州 Ⅳ. ① F127.742

中国国家版本馆 CIP 数据核字（2023）第 119281 号

决战决胜脱贫攻坚 一步跨越千年发展

JUEZHAN JUESHENG TUOPIN GONGJIAN YIBU KUAYUE QIANNIAN FAZHAN

——怒江州脱贫攻坚案例研究报告

中国扶贫发展中心 组织编写

金文成 主编

陈洁 刘锐 何安华 副主编

人民出版社 出版发行

（100706 北京市东城区隆福寺街 99 号）

北京盛通印刷股份有限公司印刷 新华书店经销

2023 年 7 月第 1 版 2023 年 7 月北京第 1 次印刷

开本：710 毫米 × 1000 毫米 1/16 印张：13.5

字数：190 千字

ISBN 978 - 7 - 01 - 025578 - 1 定价：49.00 元

邮购地址 100706 北京市东城区隆福寺街 99 号

人民东方图书销售中心 电话（010）65250042 65289539